房地产经纪人协理资格考试教材

FANGDICHAN JINGJIREN XIELI ZIGE KAOSHI JIAOCAI

房地产经纪操作实务

重庆市国土资源房屋评估和经纪协会 组编

主编 刘志东 / 副主编 赵杰

FANGDICHAN JINGJI CAOZUO SHIWU

重庆大学出版社

图书在版编目(CIP)数据

房地产经纪操作实务/刘志东主编.—重庆:重庆大学出版社,2014.2

房地产经纪人协理资格考试教材

ISBN 978-7-5624-7972-7

Ⅰ.①房… Ⅱ.①刘… Ⅲ.①房地产业—经纪人—资格考试—中国—教材 Ⅳ.①F299.233

中国版本图书馆 CIP 数据核字(2014)第 018037 号

房地产经纪人协理资格考试教材

房地产经纪操作实务

重庆市国土资源房屋评估和经纪协会 组编

主 编 刘志东

副主编 赵 杰

策划编辑:林青山 刘颖果

责任编辑:刘颖果 版式设计:林青山

责任校对:谢 芳 责任印制:赵 晟

*

重庆大学出版社出版发行

出版人:邓晓益

社址:重庆市沙坪坝区大学城西路 21 号

邮编:401331

电话:(023) 88617190 88617185(中小学)

传真:(023) 88617186 88617166

网址:http://www.cqup.com.cn

邮箱:fxk@cqup.com.cn (营销中心)

全国新华书店经销

重庆升光电力印务有限公司印刷

*

开本:787×1092 1/16 印张:11.5 字数:239千

2014 年 2 月第 1 版 2014 年 2 月第 1 次印刷

印数:1—11 000

ISBN 978-7-5624-7972-7 定价:58.00元

编审委员会

本书编写人员

周林仿　刘志东　赵　杰　李德中　李科林　王　硪

序 言

为加强对房地产经纪人员的管理，提高房地产经纪人员的执业水平，规范房地产经纪活动，国家对房地产人员实行职业资格制度，即凡从事房地产经纪活动的人员，必须取得房地产经纪人员相应职业资格证书并经注册生效，《房地产经纪人协理从业资格证书》亦在其中。编写好房地产经纪人协理资格考试教材，就是对房地产经纪行业持续发展、营造健康有序的房地产市场作出贡献。

《房地产经纪综合能力》《房地产经纪操作实务》两本书是房地产经纪人员考取房地产经纪人协理资格必备的专业教材，凝聚着业内专家、教授辛勤耕耘的成果，在此对他们无私的奉献表示衷心感谢！

《房地产经纪综合能力》《房地产经纪操作实务》的出版也得益于重庆市国土资源和房屋管理局、重庆市人力资源和社会保障局的鼎力支持，以及中国房地产估价师与房地产经纪人学会的帮助和重庆大学出版社的努力。在此我代表重庆市国土资源评估和经纪协会对他们表示感谢！

由于时间紧迫，书中有不妥之处请社会各界予以谏正。

重庆市国土资源房屋评估和经纪协会会长

二〇一四年一月

前 言

《房地产经纪操作实务》一书是根据中华人民共和国住房和城乡建设部委托中国房地产估价师与房地产经纪人学会编制的全国统一《房地产经纪人协理资格考试大纲》,且按照经中华人民共和国人力资源和社会保障部组织审定后的要求,由重庆市国土资源房屋评估和经纪协会组织编写的《房地产经纪人协理资格考试教材》之一。(与《房地产经纪综合能力》合用)

《房地产经纪操作实务》一书共分六章,主要对房地产交易信息搜集、房地产经纪服务合同签订、房屋实地查看、房地产交易合同代拟、房地产交易资金结算、房屋查验和交接等内容作了诠释,较为细致、全面地按《房地产经纪人协理资格考试大纲》要求编写,旨在让房地产经纪从业人员顺利考取房地产经纪人协理从业资格。

《房地产经纪操作实务》一书的编写得益于重庆市国土资源房屋评估和经纪协会会长程培昌、名誉会长尤世程、副会长兼秘书长刘大庆、副会长胡育林、顾问周林仿的高度重视及大力支持。本书由重庆东联物业策划有限公司总经理刘志东先生担纲主编,重庆市国土资源房屋评估和经纪协会副秘书长赵杰先生担纲副主编,重庆工商大学融智学院李德中教授、重庆嘉凯律师事务所李科林律师、重庆市土地房屋权属登记中心王碳参与编写。另外,重庆(香港)中原营销策划顾问有限公司黄毅先生和王浩先生分别为本书第一章和第六章收集了素材。编审委员会对所有编写人员表示诚挚的谢意!亦对重庆大学出版社为本书出版付出的辛勤工作表示感谢!

房地产经纪人协理资格考试教材编审委员会

二〇一四年一月

目录

第一章
房地产交易信息搜集

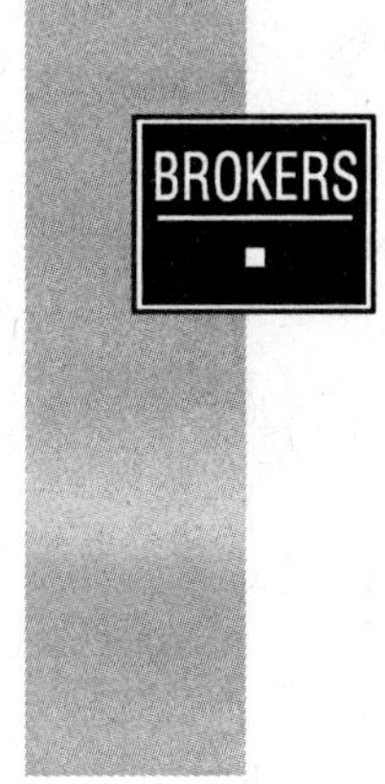

【本章导读】

房地产交易信息是房地产经纪人员开展房地产经纪业务的重要资源，其数量和质量是影响房地产经纪机构市场竞争能力的重要因素。本章主要介绍了房源信息、客源信息、价格信息的概念、内容、搜集方法及整理使用等基础知识。通过本章学习，房地产经纪人员可以掌握房地产交易信息搜集的基本技能，有利于提高搜集信息的能力和使用信息的效率。

第一节 房源信息的搜集

一、房源信息概述

(一)房源信息的概念

房源信息通常是指与委托出售(或出租)房屋相关的信息，包括房屋的实物、权益、区位信息和委托人身份、价格、需求等相关信息。

房屋的实物信息是指房屋中看得见、摸得着的部分，如建筑外观、建筑结构、设施设备、装饰装修、家具家电等。房屋的权益信息是指国家法律法规规定的基于房屋实物而衍生出来的权利、利益和收益，如所有权、租赁权、抵押权，建筑规划限制，出租外墙广告的出租收益等。房屋的区位信息是指委托房屋与其他房屋或事物在空间方位和距离上的关系，包括位置、交通、周边环境和景观等。

委托人身份信息是指房屋权利人或其委托人的身份证明材料及其联系方式。委托人价格信息是指房屋委托人对委托房屋出售（或出租）价格的心理预期及其委托价格。委托人需求信息是指房屋委托人出售（或出租）房屋的目的、用途及其他特别需求，如售后返租、现金支付、限期出售等。

此外，对于房源的其他信息，如是否需要缴纳营业税和个人所得税、该物业是否需要缴纳房产税、该房源的核心卖点（如可看江、看山、毗邻公园等）、是否独家委托、是否有钥匙等，也需要记录在案。

（二）房源信息的重要性

房地产经纪业务即是以提供房地产交易信息，撮合交易双方实现交易为经营目标的相关经济活动。房地产交易双方总是希望以更高的效率和更低的成本获取交易信息，并按照最接近于市场价值的价格达成交易。交易当事人委托房地产经纪机构的目的就是为了在房地产经纪人员的帮助下降低搜寻成本，快速高效地达成交易愿望。

一般情况下，房地产经纪机构拥有的房源信息越多，类型越丰富，消费选择面也就越宽，其市场地位自然越高。房源信息丰富、房源质量高、房地产经纪人员能力较强的房地产经纪机构，因为能为消费者提供符合其购买偏好的更多选择，就越有可能满足他们的各种需求，从而实现房地产经纪成交的机会也就越大。这就为房地产经纪机构赢得并稳固其市场地位提供了重要基础。因此，房源信息是房地产经纪机构不可或缺的资源。从某种程度上讲，它决定了房地产经纪机构生存、发展的空间与潜力。

（三）房源的分类

房地产经纪人员面对众多房源，应当如何开展营销呢？是否需要对每一套房子都付出同样的营销成本呢？答案自然是否定的。房地产经纪人员要提高成交效率，首先就应掌握对房源信息分类的技巧，在日常工作中培养对房源细分的能力。

房地产的分类方法有很多，例如，按用途可以分为居住、办公、旅馆、餐饮、文体、工业、农业、特殊用房；按实物形态可以分为土地、建筑物、土地建筑物综合体、房地产局部、已灭失等。但是，房地产经纪人员在具体经纪活动中对房源信息的分类是围绕市场需求进行的。在业内，有经验的房地产经纪人员总是将更多的时间和精力放到发掘和推荐“笋盘”中去，因为他们知道，那样的房屋才最易在短时间内成交。“笋盘”一词来源于香港，指质优价廉的楼盘，就像是雨后春笋一般吸引消费者前来购买。

所以房源信息首先分为"笋盘"和"非笋盘"。

怎样的房屋才算是"笋盘"呢?"笋盘"都有哪些特征?如何区分出"笋盘"和"非笋盘"呢?通常情况下,权属清晰、区位较好、户型理想、价格合理、业主诚信、需求旺盛的房源信息可称为"笋盘"。权属清晰的房屋在交易过程中能够最大限度地避免因司法纠纷所带来的法律风险。区位较好的房屋能够满足消费者方便享受城市公共服务的需求,如医疗、购物、休闲、入托、上学等。户型理想的房屋往往设计合理、通风良好、采光充足,没有使用功能上的面积浪费。价格合理的房屋通常是指售房人对房屋销售价格的预期不高于市场成交价,与之有较广泛的交集,在成交价格上利于达成一致。业主诚信的房屋是指售房人遵循市场规则的意愿较强,不易出现交易和支付佣金的违约行为。需求旺盛的房屋是指在委托日之前,购房者咨询、委托购买此类房屋的需求较为集中的房屋。

需要特别指出,"笋盘"的分类工作是一个随时需要进行动态调整的过程,伴随房地产市场周期变化、城市规划调整、调控政策出台和委托人意愿的改变,一些原本未出售的"笋盘"可能会成为"非笋盘";反之,另一些原本属于"非笋盘"的房屋也可能成为抢手的"笋盘"。房地产经纪人员需要不断地调整房源信息分类,以便将有限的资源用到更有效率的工作中。

二、房源信息搜集的渠道与方法

房源是房地产经纪人员赖以生存的基础之一,房源信息搜集简称房源开发,是房地产经纪人员的一项重要工作。房地产经纪人员如果总是被动地等着业主自己把房源送上门来,而不是主动地去开发房源,就无疑是"守株待兔",他们也将很难在市场竞争中获得成功。

房源开发是一项十分细致、琐碎和长期坚持的工作,房地产经纪人员应当深入了解搜集房源信息的渠道,掌握基本的搜集方法,获取丰富而有效的房源资料,发掘优质"笋盘",为成交打下坚实基础。

(一)房源信息搜集的渠道

目前,房源信息搜集的渠道主要有以下几种:

1. 利用经营门店搜集

房地产经纪机构开设经营门店的一个重要原因在于,门店经营更加靠近热点区域的热销楼盘,更加方便业主委托出售或出租房屋,更加有利于吸引消费者到店咨询。因此,房地产经纪机构所设立的经营门店自然成为房源信息搜集的重要渠道之一。

2. 利用公共媒体搜集

当前,各类公共媒体资源已经成为房地产经纪人员搜集房源信息的最主要渠道,包括报刊、杂志、网络和各种新兴技术的应用。

报刊作为传统的媒体,覆盖面广、针对性强、传播迅速,为大多数房地产经纪机构所采用。房地产经纪人员可通过订阅报刊,了解市场中房源供给的大致信息,搜集咨询客户的相关信息;也可以通过发布求购信息,搜集房源信息。相较于报刊,房地产专业性杂志因其受众的特定性,往往作为特定房屋销售或房源搜集的专门渠道。

身处网络时代,互联网已经成为一种主流的沟通媒介,房地产经纪人员应充分利用好互联网网络渠道。网络上房源数量较多,而且更新速度较快,其中有不少业主或委托人自行发布的房源。互联网上的房源信息主要来自各房地产信息类网站,如搜房、安居客等。

当前,不断涌现的新技术也为房地产经纪人员更加快捷地获取房源信息提供了方便,一是互联网即时通信工具,如利用 QQ 加入业主群,直接与小区业主进行接触并进行房源开发;二是智能手机即时通信工具,如利用微博、微信开发房源。不久,基于移动通信网络和智能手机平台的房地产经纪服务移动平台就会出现,到那时房地产经纪人员外出搜集房源信息、开展经纪活动将更加方便、高效。

3. 利用电话搜集

电话是房地产经纪人员开发房源的传统和常用工具之一。房地产经纪人员通过各种渠道,如开发、物管、水务、燃气等公司,获得某区域内业主的联系方式,主动致电业主,进行房源开发。在此过程中,房地产经纪人员应该保持积极乐观的心态,真心表达唐突致电给业主带来打扰的歉意,尽量言简意赅,并记录下有出售或出租意愿的业主需求,为下次服务打下基础。

4. 利用上门拜访搜集

上门拜访是房地产经纪人员直接到小区业主家通过陌生拜访,开发房源的传统渠道。因为耗时耗力,且成功率不高,上门拜访主要用于供需矛盾较为突出的优质小区或客户指定需求的特殊情形。此外,房地产经纪机构在培养入职人员时,较多安排上门拜访工作,一方面帮助其克服陌生拜访的恐惧感,培养吃苦耐劳的精神;另一方面,有利于其尽快熟悉房屋周边环境与进出通道。在业内,上门拜访搜集房源信息是房地产经纪人员初入行的必修课和基本功。

5. 利用人脉关系搜集

利用人脉关系开发房源,是房地产经纪人员搜集房源的主要渠道之一。从狭义上来讲,人脉关系可能是我们日常生活中与朋友、同学、同事之间的各种关系网络构成的一个人际圈子;而从广义上来讲,由于社会活动的无处不在,人脉关系其实可以延伸为我们每个人的生活圈,只要走出家门,甚至连接网络,就随时可能会与身边的人产生各种社交活动。房地产经纪人员应充分利用这些人际关系搜集房源信息,告诉他们你是专业的房地产经纪人员,有需要帮忙的可以随时联系你。经验表明,将已经成交的客户发展成朋友,会给房地产经纪人员利用人脉关系搜集房源带来意想不到的收获。

6. 利用同行搜集

房源信息是房地产经纪机构的重要资源,每一家房地产经纪机构都拥有大量的房源信息，利用同行搜集房源是房地产经纪人员搜集房源信息的补充渠道。通常，在遇到客户需求信息与房源信息分别由不同的房地产经纪机构拥有时，需要利用同行搜集。两家机构的房地产经纪人员可以就同一房屋的交易开展合作，但是不得要求委托人支付双倍佣金。

7. 利用大业主搜集

"大业主"是相对于单个的普通消费者而言的，它通常指一些拥有批量房源的单位，如开发商、资产处理公司、银行等。

房地产经纪人员利用大业主渠道搜集，能在短时间内获得大量、集中的房源信息。大业主单位主要包括：

①房地产开发商。开发商的楼盘在销售一段时期以后，可能会有一些零星的单位未售，通常称之为"尾盘"。一般"尾盘"的销售难度较大，销售成本较高，开发商会将其委托给房地产经纪机构进行销售或出租。

②地产相关单位。房地产开发属于资金密集型行业，在运营过程中需要大量的资金。在一定的阶段，房地产开发商会利用手中物业去抵工程款、材料款甚至广告费等，从而使与房地产开发商有合作关系的相关单位手中拥有批量物业。

③大型企事业单位。有些大型的企事业单位拥有数量可观的待处理的物业，如与房地产开发商合作开发楼盘后"分得"的物业、单位员工集资开发的物业等。

④资产处理公司。资产处理公司手中掌握了大量的抵押物业及不良资产的物业。

⑤银行。与资产处理公司相类似，银行有时也会拥有一些作为抵押物或不良资产的物业。

(二)房源信息搜集的方法

房地产经纪人员利用各种渠道开发房源时，还需要掌握一些常用的方法和技巧，主要方法有以下几种：

1. 直接接触法

房地产经纪人员通过各种方式直接与业主接触，从而获取房源信息的方法，称为直接接触法。房地产经纪人员进入社区，陌生拜访所有房屋业主，通常称为"扫楼"。房地产经纪人员"扫楼"的目的应当明确而单纯，只为获取业主出售或出租意愿及其联系方式。工作前要准备好精致小卡片，印上歉语，表明身份，说明目的，留下电话。业主不在家时，将卡片贴于门上；业主在家时，轻敲房门，表明来意后，留下卡片告辞。另一种更为有效且易被业主所接受的直接接触方法是开展形式多样的社区公益活动。在台湾，甚至有房地产经纪人员长期义务为小区清扫垃圾，由此赢得业主的尊重和赞扬，为其带来良好口碑和业绩。除此之外，停车场、马路边，所有能便捷、大量接触业主的公共场所都可以成为房地产经纪人员利用直接接触法开发房源的场所。

门店接待法是直接接触法的一种。门店接待客户是房地产经纪人员利用公司经营店面，获取客户咨询而提供房源信息的一种方法，是房地产经纪人员获得房源信息的直接渠道。门店接待法的优点是简单易行、成本低、客户信息准确度高、较易与客户建立关系；缺点是受店面位置因素影响较大，被动消极。

2. **间接接触法**

房地产经纪人员通过相关媒介和业主进行接触，从而获取房源信息的方法，称为间接接触法。间接接触法具有便捷、快速、大量的特点，因此成为房地产经纪人员获取房源信息的最主要方法。具体包括：查阅资料，如工商企业名录、房地产业杂志、企业广告和公告、电话号码簿等；搜索网络，如各种专业网站、论坛、QQ 群等网络媒体；发布广告，如登报、上网、张贴信息等。

3. **人脉引荐法**

房地产经纪人员通常利用各种社会活动及自身业务开展，依靠其人员之间的联系，通过连锁介绍来开发房源。房地产经纪人员可通过亲朋好友、同事同行、各种社交活动中的新朋友、陌生人以及新老客户的介绍开发房源。

三、房源信息搜集的常见问题处理

房地产经纪人员在搜集房源信息时，往往会遇到很多困难。目前，房地产市场的竞争亦是愈演愈烈，业主或是委托人，极有可能对房地产经纪人员提出更高的服务要求，面对来自业主或是委托人方面的问题，房地产经纪人员应该如何应对？如何有效、顺利地进行房源的开发呢？下面简要介绍一下。

（一）常见问题的处理原则

房地产经纪人员化解房源信息搜集中遇到的问题，应遵循以下原则：

1. **不卑不亢**

房地产经纪人员应当清楚，在房地产经纪领域，对相关法律法规、政策规定、市场行情和房屋现状的专业知识和具体情况，你是行家，在公民权利和人格尊严方面，人与人是平等的，所以不用自卑；在与客户交往的经营活动中，他是消费者，是每位房地产经纪人员的服务对象和报酬支付者，所以不应高傲。房地产经纪人员在经纪活动中说话办事应有分寸、循原则，既不低声下气，也不傲慢自大。

2. **认真倾听**

面对业主提出的意见和建议，房地产经纪人员一定要认真倾听，尊重异议，多做记录，不要表现出烦躁、不耐烦等情绪，更不可嘲笑或与之争执。认真倾听，一方面是态度问题，是对客户的尊重，哪怕他的问题很平常或者很无理；另一方面是技术问题，客户的意见是如何产生的？是否合理合法？客户的建议是否可行？哪些是正确的？哪些是错误的？他的关注是否另有好的解决办法？这些都需要房地产经纪人员在仔细倾听中认真思考。

3. 区别对待

在倾听完意见和建议后，房地产经纪人员不要表现得无动于衷，若无其事，而要积极地给予答复。首先，应对客户的意见和建议表示理解，争取客户认同；其次，对客户错误和不可行的建议予以指出，展示专业性；最后，提出可行性建议方案，共同探讨可行性。比如"是的，您说的一点都没有错，但是从另外一方面来说""以前，我的客户张先生也这么认为，但是接受我们公司的服务后，完全改变了这种想法"。

（二）常见问题处理方法

房屋不同于一般商品，它的价值往往较高，业主委托自然会慎重，因此，在与业主接洽的过程中，能够获得信任是获取委托的关键。

1. 找到原因

要获取业主信任，就应当了解导致业主产生不信任的原因。一般来说，业主不信任房地产经纪人员主要有三方面的原因：一是担心房地产经纪机构不合法、不规范；二是担心房地产经纪人员不专业，难以达成委托目标；三是担心房地产经纪人员不诚信，要回扣、吃差价，不能公平维护自身权益，伙同他人压低价格。

2. 消除顾虑

房地产经纪人员了解到业主不信任的原因后，就可以采取具体措施来取得业主信任，并最终成功接受业主的委托。针对业主担心机构不规范的疑虑，房地产经纪人员可以向业主展示本公司的房源销售流程，并向业主做详细的解释，也可以向业主介绍本经纪公司房源成交历史和在业内的各种好评，以此来打消业主的顾虑。针对业主担心房地产经纪人员不专业的顾虑，可以用诚实稳健的话语、礼貌得体的举止、深厚的专业知识等说服业主相信自己有能力成功完成委托。针对业主担心的诚信问题，房地产经纪人员可以出示其执业资格证书，将公司制度、成交案例、销售资料等一一给业主展示，必要时可以向业主做详细的房源个案分析。

（三）两种典型问题的处理方法

1. 自售房源的开发

房地产经纪人员在开发房源时，经常遇到自售业主的房源，如何让自售业主选择自己代理其房源的出售呢？首先，房地产经纪人员在和业主取得联系后，不要急于表明自己的身份，而是要询问房源的情况，如果被业主识破，则要大方地承认，以取得信任；其次，房地产经纪人员需要根据业主不找中介的不同原因采取不同的化解方法。

业主选择自己出售房源的原因，主要有以下三个方面：

（1）业主不了解优势

针对这一类型的业主，房地产经纪人员要用自身的专业知识和素质将代售房源的优点展示给他。在展示时，房地产经纪人员可以给业主介绍自己最近成功帮助其他业主售房的案例，告诉业主自己对该片区的房源比较了解，而且自己手上也有很多需要购房的客户，以取得业主的认可和信任。还可以提醒业主，整个房产过户交易并不简单，如果不专业，在交易过程中会给业主带来很多风险，从而让业主同意将房源委托给自己代理。

(2)业主不愿意支付中介佣金

针对这类业主，房地产经纪人员可以告知业主自己的优势。业主在自售房源过程中，相对来讲，可供选择的客户会比较少，毕竟业主的客源渠道没有专业的房地产经纪公司那么多，这就意味着客户对房源的出价相对来讲也比较少。房地产经纪人员可以告知业主，房地产经纪公司可以帮助业主卖出相对更高的价格。再退一步讲，房地产经纪人员可以告知业主直接报净收价，佣金、税费等由购房者来支付，以此来打消业主的顾虑。此外，房地产经纪人员还可以将自售房源交易手续办理复杂、耗费精力巨大等不便告知业主，进一步使业主同意由房地产经纪公司代理房源销售。

(3)业主担心房地产经纪人员带来生活不便

还有一些自售房源的业主担心房地产经纪人员会经常给自己打电话或者经常带客户实地查看房屋，从而影响业主的正常生活。针对有这种顾虑的业主，房地产经纪人员可以告诉业主自己会安排客户集中在某一时间段看房，尽可能地减少对业主的干扰。针对所售房屋处于空置状态的业主，甚至可以要求业主将钥匙放在房地产经纪公司，避免业主来回折腾。

另外，房地产经纪人员在带领客户实地查看房屋之前，要严格筛选有诚意的客户，以免多次实地查看却不能成交，给业主带来烦恼，进而惹得业主反感。

2. 暂不出售房源的开发

房地产经纪人员在开发房源的时候，会发现有很多房源的业主都表示有空房，但暂不出售。在化解这一难题时，房地产经纪人员需要拿出具体的事实给业主分析现在出售的好处。

(1)政策环境好

房地产经纪人员可以为业主分析目前有关的房地产政策非常有利于房屋出售，比如审批手续已经简化、二手房交易税费已经降低等好消息，以增强业主卖房的信心。

(2)市场需求大

房地产经纪人员可以通过事实来告知业主，现在二手房需求在不断增加，很多中低收入阶层和拆迁户已经认识到二手房价格低、地段好、社区成熟、不存在期房风险等优势，形成了稳定的购买群体。因此，现在出售二手房能在短期内顺利成交，得到售房款。

(3)价格趋势

房地产经纪人员还要为业主分析近期以及以后一段时间内的价格将不会大涨，而且有稳中趋降的可能，以说服其尽快出售。尤其对于租赁的房屋而言，随着小户型和中低档公寓的开发上市，以及国家保障性住房政策的出台，租房者会被分流，房屋出租的价格整体上就会下降。为了保障业主的收益，劝其尽快出售或出租。

四、房源信息的整理与分类

房源信息经核实后，房地产经纪人员需对房源信息进行整理与分类。房源信息的整理主要是指，房地产经纪人员按房源信息的构成要素对房源进行完整的登记。

为了提高工作效率，方便房地产经纪人员对房源信息进行高效查询，现代房地产经纪人员还应对其所开发的房源信息进行科学、系统的分类。进行分类时，可以根据房地产经纪人员自身的分类习惯或方便其自身查询的原则进行。根据房源信息的特点，房源信息的分类方法大致有以下几种：

①按照房源所处的小区进行分类，如小区名称。

②按照房源的价格区间进行分类，如 6 000 元以下、6 000 ~ 8 000 元、8 000 ~ 10 000元、10 000 元以上等。

③按照房源的物业形态进行分类，如商业裙楼、写字楼、别墅、花园洋房、小高层、高层等。

④按照房源的户型大小进行分类，如四房、三房、两房、一房、单间配套等。

⑤按照房源的产权性质及年限进行分类，如产权房或使用权房、划拨地或出让地、5 年以上或 5 年以下等。

⑥按照房源的采集时间进行分类，对房源进行有效编号，先搜集的编号在前，后搜集的编号在后，如 001，002，003，004 等。

五、房源信息的共享与更新

（一）房源信息的共享

现代社会已迈入信息时代，信息对房地产经纪人员来讲，必不可少。房地产经纪人员单靠自己开发的房源信息，将很难有效地实现房源与客源的有效配对，也将无法为客户提供优质的房地产经纪服务。因此，房地产经纪人员对房源信息进行分类后，需将其搜集到的房源信息录入房地产经纪公司的房源系统里，以便实现房源信息的共享。

（二）房源信息的更新

房源信息具有一定的时效性，从目前房地产经纪市场来看，业主放盘，一般不会只在一家房地产经纪公司进行，而会选择两家或多家公司，加之房源信息在本房地产经纪公司也实现了信息共享，单条房源信息很可能会出现昨天登记，今天便实现销售，从而失效的情况。作为现代的房地产经纪人员，应定期对房源的业主进行跟踪沟通,从而保证房源的有效性。

房源信息的准确度对房地产经纪人员有很大影响,如房源的相关信息发生了变化,房地产经纪人员应及时进行更新。对房源信息来讲,有以下几种主要的变化,应该着重注意:

①钥匙。争钥匙意在争房源,当房源的业主将钥匙寄存于本房地产经纪公司,应该及时更新,以方便房地产经纪人员更为有效地带领客户看房。

②价格。价格的变动是影响房地产经纪活动成功与否的重要因素之一,当房源的价格有下调时,对房地产经纪人员的经纪活动有促进作用;当房源价格有上升时,房地产经纪人员应及时调整谈判策略,做到心中有数。

③委托方式。委托方式分为独家委托和普通委托。当委托方式发生变更时,对房地产经纪人员的推盘策略也有较大影响,此时应着重进行更新,并进行有效的标注。

④业主电话。业主电话是联系业主最重要的方式,一条房源是否有效,关键在于是否可以联系到业主。因此,业主电话的变更必须及时更新,以方便房地产经纪人员进行业主的沟通工作。

此外,房地产经纪人员在更新房源时应注意,有些房源目前暂时过期了,但并不代表此房源就失去了价值。例如:已经租出去的房源,它的租期是多长,应设置一定的提醒,以便房地产经纪人员及时进行跟进,实现房源信息的二次开发。

六、房源信息搜集的常用表格

(一)单个房源信息登记表格

单个房源信息登记表(一)

编号:________

房屋坐落			大概位置		
户　型		建筑面积		所在楼层	
防盗门		地　面		总楼层	
阳　台		暖　气		煤　气	
地下室		小　房		车　位	
中门、偏门		楼　头		一梯几户	
结　构		建筑年限		房屋现状	
产权性质		产权证		价　格	
有　线		电　话		装　修	

续表

<table>
<tr><td>小区绿化</td><td></td><td>交通情况</td><td></td><td>配套单位</td><td></td></tr>
<tr><td>家　具</td><td></td><td></td><td></td><td></td><td></td></tr>
<tr><td>家　电</td><td></td><td></td><td></td><td></td><td></td></tr>
<tr><td>灶　具</td><td></td><td></td><td></td><td></td><td></td></tr>
<tr><td>钥　匙</td><td></td><td colspan="4" rowspan="6">户型平面图</td></tr>
<tr><td colspan="2">产权人名字</td></tr>
<tr><td colspan="2"></td></tr>
<tr><td colspan="2">联系方式</td></tr>
<tr><td colspan="2"></td></tr>
<tr><td colspan="2">备　注</td></tr>
</table>

房地产经纪人员:________　　　　　　　　________年________月________日

(二)多个房源信息登记表

该类表格是对房源信息的汇总,针对主要信息点进行描述,方便房地产经纪人员查阅。

1. 多个出售房源信息登记表格范本

多个出售房源信息登记表

编号	楼盘名称	地址	产权	面积	户型	楼层	售价	年限	朝向	结构	证件	装修	联系人电话

2. 多个出租房源信息登记表格范本

多个出租房源信息登记表

编号	楼盘名称	户型	面积	楼层	总楼层	家私	电器	年限	价格	备注	联系人电话

(三)房源信息修改登记表

下表是房源信息修改登记表范本,主要用于业主修改出售(租)条件时所做的修改登记。

房源信息修改登记表

编号：________　　　　姓名：________________

委托编号	楼盘名称	具体位置	房号	原出售（租）条件	现出售（租）条件	房东	联系电话	经纪人员

（四）房源信息注销登记表

下表是房源信息注销登记表范本，主要用于业务成交后对房源信息做注销登记时使用。

房源信息注销登记表

编号：________　　　　姓名：________　　　　时间：________

委托编号	楼盘名称	具体位置	房号	出售途径	出售时间	委托价格	出售价格	房东	联系电话	经纪人员

第二节　客源信息的搜集

一、客源信息概述

（一）客源信息的概念

客源信息通常是指与委托求购（或求租）房屋相关的信息，包括委托人身份、价格、需求等相关信息。

委托人身份信息是指购房人或其委托人的身份证明材料及其联系方式。房地产经纪人员需要通过询问，了解委托人是否就是房屋购买人（或承租人），此信息一方面有利于了解到真正的购买（或承租）决策者；另一方面有利于避免委托人“跳单”后，追讨佣金时处于被动地位。另外，当委托人身份较为特殊，如法人、未成年人、外籍人士等，房地产经纪人员应当提示相关法律法规的特殊要求和其他注意事项。

委托价格信息是指委托人对求购（或求租）房屋价格的支付能力及其心理预期。

特别是购房委托时，购房人的支付能力一般由三部分组成：一是自有资金，二是信贷资金，三是可筹措资金。当客户希望购买50万元左右价位房屋时，房地产经纪人员应询问是否贷款，如若需要则说明客户自有资金不足50万元；反之，则说明客户可以通过信贷杠杆，购买50万元以上房屋。当客户的自有资金和信贷资金不够时，房地产经纪人员应询问客户能筹措到多少资金，以便推荐其购买力范围内的房屋。

委托人需求信息是指委托人求购（或承租）房屋的目的、用途及其他特别需求，如小孩读书、自住购房、购房出租、购房时限等。

（二）客源信息的特性

1. 模糊性

大多数情况下，作为客源信息的主体，客户的需求意向是模糊的，很少有客户直接要求购买（或承租）指定房屋的情形，因此，需要房地产经纪人员引导和分析，使之明确。在此过程中，购买力和关键需求分析是房地产经纪人员工作的抓手。

2. 时效性

客户对委托事项完成的时间往往有要求，一般地，租赁客户的时间要求短于购房客户；市场价格上涨期的购房客户，其时间要求短于价格平稳期的购房客户；询价时间长的购房客户，其时间要求短于询价时间短的购房客户。不少房地产经纪人员都曾遇到这样的客户，来店咨询当天就办完了看房、签约、下定手续。事后了解到，客户其实已经在市场中看房、询价很长时间了。房地产经纪人员应当抓住此轮房地产业处于长周期上涨的市场特点，为客户分析，引导其有针对性地看房，缩短客户委托时限，争取早日完成客户委托。

3. 潜在性

因为客源信息具有模糊性和时效性，房地产经纪人员搜集到的每一个客源信息能否转变为真正的消费，从而完成居间委托，一方面取决于客户自身需求，另一方面也取决于房地产经纪人员的有效服务。房地产经纪人员只有利用其专业知识和技能，通过推荐房源、带看房屋、洽商议价等过程的有效实施，才能将客户的委托需求转化为真实消费。

（三）客源信息和房源信息的关系

一宗房地产交易，不能缺少买方和卖方，客源信息和房源信息都是房地产经纪人员完成委托、达成交易的基础信息，缺一不可。客源信息和房源信息的关系包括以下几个方面：

1. 互为条件

在成熟的市场环境下，一个房地产经纪人员可以只有客源信息或房源信息，但必须在另一个房地产经纪人员处获取相对应的房源信息或客源信息，才能完成交易。拥有客源信息，而没有与之匹配的房源信息，或者拥有房源信息，而没有与之匹配的客源信息,都是不能成交、未产生效益的信息。

2. 相得益彰

房源信息开发和客源信息开发有共同的渠道,也有不同的方法,有些经营活动既增加房源信息,也增加客源信息,侧重点虽有不同,但两个目标均可兼顾,如房源广告可以吸引潜在客户,客源广告也可以吸引房源业主。就某一个客户而言,既可以成为客源需求,也可能成为房源提供者,在同一时间或不同时间角色互换或重叠。

3. 互为目标

在房地产经纪活动中,有时需要为了房源信息去找客户,这时的起点为具体的房源信息;另外一些时候则是有了客户需求,需要寻找合适的房源信息,这时的起点为客源信息,目标对象为房源信息。正是在这种不断的目标转换中,实现房源信息与客源信息的沟通。

二、客源信息搜集的渠道与方法

客源是房地产经纪人员赖以生存的基础之一,客源信息搜集简称客源开发,是房地产经纪人员的一项重要工作。房地产经纪人员只有不断挖掘潜在的客源,才能不断创造新的成交机会。一个成功的房地产经纪人员必须确保拥有足够数量的客源信息,特别是在买方市场期间。

(一)客源信息搜集的渠道

房地产经纪人员开发客源的渠道与房源开发基本一致,利用相关渠道开发客源的方法也大体相同,但是,客源信息相较于房源信息更为分散,有自身特性,也无法采用以房找人的方式获取,所以在具体操作和方式上有所不同。

(二)客源信息搜集的方法

房地产经纪人员利用各种渠道开发客源时,还需要掌握一些常用的方法和技巧,主要的方法有以下几种:

1. 直接接触法

房地产经纪人员通过各种方式直接与客户接触,从而获取客源信息的方法,称为直接接触法。通常包括举办讲座、参加展会、发展会员等方式直接与潜在需求客户建立联系,获取信息。另外,门店接待也是直接与客户接触建立联系,获取信息的方法。

(1)讲座揽客

讲座揽客,指的是房地产经纪人员或房地产经纪公司通过举办相关的房地产知识讲座或举办购房讲座等方式开发客源。一场成功的讲座,一方面可以培养房地产经纪人员专业的服务意识、责任感;另一方面还能帮助客户提高购房的专业能力,降低以后服务的难度。

(2)展会揽客

展会揽客,指的是房地产经纪人员利用参加房地产交易展示会来搜集客源信息。专业的房地产交易展示会是房地产交易信息和大量潜在客户在短期内集中汇聚的场所,有利于房地产经纪人员集中、快速、大量地搜集客户信息。在此过程当中,房地产经纪人员应作好准备,注重形象,以专业的服务水平为客户提供优质服务。

(3)会员揽客

会员揽客,指的是房地产经纪人员通过房地产经纪公司和各大企事业单位、群众团体积极合作,并签订合作协议,成为房地产经纪公司的会员单位,房地产经纪公司给予一定的优质服务及佣金优惠。例如:签约单位持本单位工作证明在本房地产经纪公司享受房地产经纪服务时佣金支付八折优惠。房地产经纪人员通过此类方法开发客源,一定要注意服务的专业性,一定要为他们提供满意的服务,这样才能产生"口啤效应"。

(4)门店接待

门店接待客户是房地产经纪人员利用公司经营店面,接待客户咨询而获取房源信息的一种方法,也是房地产经纪人员获取客源信息的直接渠道。来店购房客户按需求时间主要有三类:一是有购房意愿,但短期内不会购买,以到店咨询价格信息、交易政策为主,这类顾客一般以咨询聊天为主,主动看房的意愿不强;二是有购房意愿,但搜寻期较长,以到店咨询房源信息为主,这类顾客一般会提出具体的购房要求,并希望多看房源,以便于选择;三是购房意愿强烈,只要合适,会立即签约,这类顾客一般需求明确,准备充分,购房的针对性较强,是房地产经纪人员应当重点服务的对象。

使用门店揽客的方法,需要尽量提高门店的知名度。门店也需要具备较多的、优质的房源信息,房地产经纪人员也应具备较高的素质,接待热情、体贴、温馨。

2. 间接接触法

房地产经纪人员通过相关媒介和客户进行接触,从而获取客源信息的方法,称为间接接触法。具体包括:通过报媒、网络媒体、DM单(DM是英文Direct Mail的缩写,意为快讯商品广告)发布房源信息广告搜集客源信息;查阅资料,如楼盘的《来电来房登记表》等搜集客源信息;搜索网络,如各种专业网站、论坛、QQ群等网络媒体搜集客源信息。

广告开发客源,就是利用广告的形式吸引客户来电来访的一种方法。此方法具有较强的时效性,效果较直接,但成本相对较高。广告的方式多种多样,最主要的媒介有报纸、杂志、广播电视、互联网络、信息张贴栏、展板等。

(1)报纸

房地产经纪人员依托房地产经纪公司的资源,在报纸上刊登房源信息吸引客户。报纸的传播面相对较广,但成本相对较高,在报纸上打广告对客户应具备独特的吸引力,否则,花了较大成本却产生不了任何效果。

(2)杂志

一般来讲,杂志都有各自特定的阅读群体,但成本相对来说也较高。如果推介房源和杂志的阅读群体较为匹配,且此房地产经纪活动的成功会对房地产经纪人员创造较高的佣金收益,则可采用杂志广告的方法。

(3)广播电视

广播电视作为一种传统媒体,有固定的收听或收看人群。广播成本相对较低,电视广告成本相对较高。一般来讲,房地产经纪人员可参与广播、电视中相应房地产栏目进行房源推介,这样比单纯的广播电视广告成本低,效果也相对较好。

(4)互联网络

互联网络是目前吸引客源最为有效的方法,也是众多房地产经纪公司比较看重的方法之一。互联网用户具备以下几个特点:一是,用户多,现今已经超过3亿人,并呈快速增长趋势;二是,年龄层次分布广泛;三是,用户使用搜索引擎的频率较高;四是,学历越高,收入越高的用户,使用邮箱的频率越高。这些特点使互联网络上房源推介备受现代房地产经纪人员的青睐。

(5)信息张贴栏

在社区周围、大街小巷中有各类信息张贴栏,是房地产经纪人员可以充分利用的场地,可以将一些优质的房源信息以出售、出租的形式进行张贴,再留下房地产经纪人员的姓名、电话,这样会有意想不到的收获。

(6)展板广告

展板广告是一种传统的广告方式,展板相当于一个移动广告点。在运用展板广告时,应注意:应在人流较大的地方宣传;展板整洁,广告清晰,具有吸引力;保持展板前随时有人,随身准备名片等必备物。

3.人脉引荐法

人际关系开发客源是房地产经纪人员客源开发中一个不可或缺的方法。人际关系对房地产经纪人员来讲十分重要。以房地产经纪人员的亲朋好友为基础,通过人际关系进行客源开发,这类客源忠诚度较高,如有适合的房源匹配,成交的可能性较大。

每个人都有自己的人际关系,包括:血缘关系、地缘关系,在学习、生活、工作当中形成的同学、朋友、同事等关系。所有的这些关系都可以成为房地产经纪人员手中的资源,其完全可以利用这些资源去发掘客源。在使用人际关系揽客时,房地产经纪人员需要进行大量的沟通,不断地接触新的关系,在不断接触的同时,房地产经纪人员也应注重培养自己的交际能力。这种通过人际关系开发的客源无须任何成本,而且成交效率相对较高。那么都有哪些具体的人际关系可以利用呢?

①亲戚。亲戚就是和房地产经纪人员有直接的血缘关系,或者是通过家族内成员形成的姻亲关系。应及时告知他们自己正从事的工作,让他们有购房需求时直接找你,或是他们的人际圈子内的人群有购房需求时介绍给你。

②伙伴。房地产经纪人员从小到大的伙伴，由于彼此熟悉和信任，在交易中可以获得他们的绝对认同，通过他们介绍的客户信任度也比较高。

③同学。房地产经纪人员从小学到高中，或是更高阶段的同学，现在已经分布在各行各业中，他们周围也有很多人有购房需求。千万不要忽视同学之间的友谊，和他们建立联系也是房地产经纪人员开发客源的好方法。

④同事。同事分为以前的同事和现在的同事。针对以前的同事，大家同事一场，有房地产需求时可以直接找到你；针对现在的同事，大家要充分地合作。

⑤邻居。邻居是由相邻而居形成的人际关系，俗话说“远亲不如近邻”，生活在同一楼栋、小区、社区的邻里之间，沟通更便捷，信息更真实，房地产经纪人员需主动了解邻居们的住房需求。例如，邻居准备换房时，房地产经纪人员一方面可以提供购房咨询服务，另一方面也可以提供原住房的出售或出租服务。

⑥有共同爱好的人。房地产经纪人员因为自身的爱好而参与的一些爱好团队，如羽毛球俱乐部等，而结识的有共同爱好的朋友。这类朋友因兴趣相投，往往会有较好的信任感，一旦他们有需求或是他们的亲朋好友有需求，便可能找到你。

⑦老客户。老客户带新客户，这是房地产经纪人员经常遇到的。房地产经纪人员通过自己的专业知识，为老客户提供过优质的房地产经纪服务，让老客户较为满意。在这样的情况下，老客户很有可能把自己愉快的购房经历向其他亲朋好友进行推介，从而使他们的亲朋好友找到自己。房地产经纪人员在面对老客户带新客户时，一定要表现得专业、敬业、热情，一定要为新客户提供优质的服务。

⑧老乡。很多房地产经纪人员都是来自他乡，这样可以充分利用老乡资源，这些老乡一般都在本区域内的各行各业工作，也有充分的人脉资源可以利用。

4. 交叉揽客法

房地产经纪活动中，别人是我们的客户。但同时，我们也是其他行业的服务对象，是别人的客户。现代社会，讲求合作共赢，房地产经纪人员可以与其他相关行业工作人员开展合作，形成互补。所以，现代房地产经纪人员可以同其他行业的销售人员进行有效合作，为他们提供资源信息的同时，也接受他们为你提供的客源信息。

三、客源信息搜集的常见问题处理

因为客户需求、性格、认识的差异性，房地产经纪人员在搜集客源信息的过程中，常常会遇到很多问题和矛盾，房地产经纪人员如何有效、顺利地进行客源的开发呢？下面简要介绍一下。

（一）处理原则

房地产经纪人员在客源开发过程中会遇到各种各样的难题，化解这些难题的方法也各不相同，但总的来说，房地产经纪人员应该坚持以下原则：

1. 自信、自尊，礼貌相待

房地产经纪人员在工作中首先要具备自信和自尊。没有自信，不懂得自尊的房地产经纪人员往往难以赢得客户尊重，还很容易受到客户的故意刁难，给开发客源带来更多困难。房地产经纪人员的自信源于其房地产经纪领域的专业知识和丰富的实践经验，而房地产经纪人员的自尊源于其独立自主的人格。

另外，在客源开发过程中，不管遇到什么难题，房地产经纪人员都要礼貌对待客户；不管是谁的问题，都不能和客户发生口舌之争。平和的心态才能促进事情的顺利解决。当礼貌地对待客户时，客户的怨气、怒气往往也会慢慢消解。

2. 专业、周到，诚信服务

房地产经纪人员在开发客户时遇到的难题大多是因为客户不满意，客户不满意就说明房地产经纪人员的服务还有待提高。房地产经纪人员一旦遇到难题，要首先从自身找原因，看看自己有哪些地方做得不到位，不要去责怪客户不配合或不理解。

3. 客观、务实，先解决问题

房地产经纪人员在客源开发过程中如果和客户产生分歧，不要和客户争论谁应该负责任，而是要找到解决分歧的方法，也就是先把当前的事情解决了。

（二）如何面对客户的拒绝

房地产经纪人员在开发客源的时候，常常会遭到客户的拒绝。被拒绝不代表一定是坏事，反而有可能是房地产经纪人员客源开发的另一个开始。面对客户的拒绝，房地产经纪人员不要气馁、灰心，而要积极寻找客户拒绝的理由，化解客户的拒绝，最后成功开发客源。

1. 没时间

房地产经纪人员大概都遇到过客户以“没时间”为由拒绝自己的情况，一般来说，真正想买房的客户是绝对不会“没时间” 的，这只是客户向你推脱的一个理由。

比如，“我很理解您对时间的珍惜。不过只需要三分钟，您就会相信，我给您推荐的房源非常符合您的要求。”相信没有哪个真正想买房的客户会吝啬得连三分钟都没有，房地产经纪人员要在三分钟内尽可能简略地说明房源的特点。如果讲完后引起了客户的注意，那么客户的“没时间”就可能变成“时间充裕了”。显然，客户所说的“没时间”就是“不满意房源”的一个代称。如果经房地产经纪人员介绍后，客户还是不满意，还是急着要走，那一定是另有原因了。房地产经纪人员可以适当地追问，找出客户不满意的真正原因，再寻求具体的解决方法。

2. 不表态

有很多客户在接受房地产经纪人员的介绍后不做任何表态，不说要，也不说不要。面对这种不直接拒绝自己的客户，房地产经纪人员发挥的余地其实很大，这时可以适时引导客户说出不表态的真实原因，是房子价格的问题、房源的问题，还是对贷款的顾虑或其他什么原因。总之，当客户不表态时，房地产经纪人员必须与客户进行积极的沟通。否则,房地产经纪人员越是不说话,客户的顾虑就会越多。一定要让客户把自己心中的所思所想说出来,这样才能找到解决客户顾虑的对应方法,最后成功开发到客户。

3.遭拒绝

房地产经纪人员拜访客户,时常会遭遇拒绝,甚至连进门谈话的机会都没有。面对客户拒绝,房地产经纪人员首先需要尽早了解客户是否具有潜在的消费需求,以决定拜访是否需要进行下去;其次,房地产经纪人员要学会用丰富的专业知识武装自己,要让客户在交谈中能获取有价值的咨讯和建议;最后,房地产经纪人员要有自信和乐观的心态,要让客户在交谈中感受到你的真诚和愉悦,消除紧张和防范意识。这样,客户自然会愿意跟你交流下去,慢慢地培养认同感。

四、客源信息的整理与分类

客源信息经核实后,房地产经纪人员需对客源信息进行整理与分类。客源信息的整理主要是指房地产经纪人员按客源信息的构成要素对客源进行完整的登记。

(一)客户分类

客源信息的对象就是买房或租房的客户。客源信息通常按下表所列进行分类。

客户特征	客户类别
客户的需求	买房客户或租房客户
客户目的	自用或投资
需求物业类型	住宅、写字楼、商铺、厂房、其他
客户性质	机构团体或个人
接触次数	新客户、老客户
交易次数	交易过、交易中、将交易
价格需求	高价位、中低价位、低价位

在实际工作中,还可以按客源的要求分类:区域要求、户型要求、特殊要求;或按客源的重要程度分类:如客户的成交可能性程度分为 A 类(极有可能成交)、B 类(较大可能成交)、C 类(一般可能成交)、D 类(较小可能成交)、E 类(暂无效客户)。房地产经纪人员应对不同的类别客户采取不同的应对策略,帮助房地产经纪人员完成有效的经纪活动。

(二)客源信息内容

通常,一个完整的客源信息包括:客户基础资料、物业需求状况、交易记录。

1. 客户基础资料

个人客户的基础资料包括:姓名、性别、年龄、籍贯、家庭地址、电话、传真、E-mail、家庭人口、子女数量、年龄、入学状况、行业、工作单位、职务、教育程度等。

2. 物业需求状况

物业状况的基础资料包括:所需物业区域、类型、房型、面积;如果是住宅,需要了解客户对客厅、厨房、层高、景观、朝向的需求;配套要求,如商场、会所、学校、交通、医疗等;其他特别需求,如车位、装修;价格方面,如单价、总价、付款方式、贷款方式、按揭等。

3. 交易记录

交易记录的基础资料包括:委托书编号、时间、客户来源、推荐记录、看房记录、洽谈记录、成交记录、有无委托其他机构或房地产经纪人员等。

五、客源信息的共享与更新

(一)客源信息的共享

一般来讲,房地产经纪公司都有自己的房源、客源系统,房地产经纪人员都会把自己的房源及客源信息录入系统中。在绝大多数房地产经纪公司,房源属于共享,当房地产经纪人员成交了此房源,会给予开发房源的房地产经纪人员一定的佣金回报。客源不同于房源,在房地产经纪公司,客源是受保护的,只属于开发客源的房地产经纪人员,但如果其在一定时期内没有联系的客源信息可以转为公共客源信息,其他房地产经纪人员均可联系。

(二)客源信息的更新

信息不是一成不变的,随着时间、条件的不断更新,信息也有可能在不断的变化当中。房地产经纪人员在每一次电话跟进、带领客户看房之后,如果有新的发现,特别是客户的需求信息,应该及时地进行更新。

六、客源信息搜集的常用表格

(一)来访客户信息登记表

此表格用于快速登记客户对房屋的基本需求,针对该信息对房源进行初步筛选。

来访客户信息登记表

<table>
<tr><td colspan="8">1. 基本信息</td></tr>
<tr><td>姓名</td><td></td><td>年龄</td><td></td><td>性别</td><td></td><td>联系电话</td><td></td></tr>
<tr><td>家庭住址</td><td colspan="7"></td></tr>
<tr><td colspan="8">2. 需求信息</td></tr>
<tr><td>地段</td><td colspan="3"></td><td>户型</td><td colspan="3"></td></tr>
<tr><td>价格</td><td colspan="3"></td><td>楼层</td><td colspan="3"></td></tr>
<tr><td>朝向</td><td colspan="3"></td><td>付款方式</td><td colspan="3"></td></tr>
<tr><td>急迫度</td><td colspan="7"></td></tr>
<tr><td>特殊要求</td><td colspan="7"></td></tr>
<tr><td>是否有过
其他房源</td><td colspan="7"></td></tr>
</table>

房地产经纪人员：　　　　　　　　　　日期：

(二) 来电客户信息登记表

来电客户信息登记表

时间	客户姓名	性别	联系方式	需求描述	备注

(三) 多个有效客户信息登记表

多个有效客户信息登记表

编号	求租求购	户型	面积	楼层	家具	电器	价格	其他要求	客户信息

第三节　房地产价格信息的搜集

一、房地产价格信息概述

(一)房地产价格的含义

人们对价格的定义通常有两种:一种表述为价格是为获得一种商品或服务所必须付出的东西,它通常用货币表示;另一种表述为价格是商品价值的货币表现,价值是凝结在商品中的一般的无差别的人类劳动或抽象的人类劳动。上述两种表述,第一种讲的是现象,第二种讲的是本质。房地产价格是和平地获得他人的房地产所必须付出的代价——货币或实物、无形资产和其他经济利益。在实际操作中,房地产价格通常用货币表示。

(二)房地产价格的形成条件

房地产与其他经济品一样,之所以有价格(价值)是因为它有用、稀缺,并且人们对其有需求,即具有有用性、稀缺性和有效需求。

1. 有用性

一种物品有用,是指它能用来满足人们的某种需要,经济学上称为有使用价值。例如,粮食能充饥,房子能居住。房地产如果没有用,人们就不会产生占有房地产的要求或欲望,更谈不上花钱去购买或租赁,从而不会有价格。

2. 稀缺性

一种物品稀缺,是指它的数量没有多到每个人都可以随心所欲地得到它,说其稀缺,并不意味它是难以得到的,仅仅意味它是不能自由取用的,即不付出代价就不能得到,是相对稀缺,不是绝对稀缺。房地产显而易见是一种稀缺品。价格实质上是在市场经济(或商品经济)这种特定经济制度下对有用且稀缺的物品的一种分配方式。

3. 有效需求

人们对一种物品有需求,是指不仅愿意购买它,而且有能力购买它。需求与需要不同,需要只是一种要求或欲望,有支付能力支持的需要才是需求。房地产由于既是一种可以满足生产、生活需要的生产资料或消费品,又是一种可以带来租赁、增值等收益的投资品,对其需求不仅有自用需求,还有投资需求甚至投机需求。

(三)房地产价格的特征

房地产价格的特征主要包括以下几个方面:

1. 既有价格,又有租金

房地产因为价值量大、寿命长久,所以同时存在着买卖和租赁两种交易方式,因此房地产同时有两个价格,一是有交换代价的价格,经济学上称为源泉价格;二是使用代价的价格,经济学上称为服务价格,即租金。所以房地产价格也有广义价格(包括买卖价格和租赁价格)和狭义价格(仅指买卖价格)。

2. 受区位影响很大

房地产因其不可移动的特性,建成后在使用过程中其价格受周边环境影响很大,如规划、环境、交通、生活设施等的变化都对房地产价格产生重要影响。

3. 更多体现权益的价格

房地产在交易过程中并没有实物的移动,而是其所有权、使用权等权益的转移。实物状况相同的房地产,权益状况可能不同,如土地剩余期限短、产权不明确或权属有争议的价格会较低,反之则会较高。

4. 形成时间长

由于房地产价值量大,造成交易当事人对影响房地产价格的周边环境、质量、功能、新旧程度、产权状况、物业管理、市场行情等情况不易在短期内了解,从而使房地产交易价格通常在短期内难以达成。

5. 易受个体差异影响

房地产在交易过程中,由于市场信息搜集困难,缺少近似交易案例以及交易当事人议价能力的差异,往往使得交易价格的最终形成易受当事人个体差异的影响,如售房人急需用钱、购房人偏好、感情冲动等。

(四)影响房地产价格的主要因素

影响房地产价格的因素包括:相关政策、供求关系、权益状况、实物状况、区位状况、周边环境、心理因素等。从经济学角度讲,影响房地产价格的主要因素是房地产市场的供给与需求,即供求关系。供需分析也是房地产经纪人员掌握市场均价、研判价格趋势、制订销售计划的重要方法。供求理论是市场运行的基础理论,也是房地产市场运行和价格变动的核心理论。房地产市场波动所体现出的价格水平高低变化,从经济学上讲,是由房地产的供给和需求这两种相反力量共同作用的结果,其中待租售的房地产(包括新房和存量房)形成了市场的供给,房地产消费者(购房人或承租人)形成了市场的需求。其他因素的影响,要么通过影响供给,要么通过影响需求,要么通过同时影响供给和需求来实现对房地产市场价格的影响。

当市场中的房地产供给量与需求量相等时,所形成的价格被称为均衡价格。如果供给或需求发生变化,就会出现需求量与供给量不相等的非均衡状态,这种情况下,市场力量就会起作用,要么增加供给,要么减少需求,或者两者同时产生而幅度不同,而最终会将价格回归至均衡价格水平。均衡理论是价格原理的核心内容,它指出,均衡是市场价格运行的必然趋势,价格总是围绕其波动而最终趋向于均衡价格。

二、几类重要的价格信息

在房地产经纪人员搜集价格信息的过程中，有几类重要的价格信息，对寻找市场均衡价格区间起到了关键作用。

1. 新建商品房销售价格

目前，房地产市场周期仍处于上升通道，新建商品房销售价格对市场均衡价格的影响举足轻重，某种意义上甚至起到“锚定”价格的作用。一方面，新房价格易于从官方网站获取；另一方面，新房价格都是真实的成交价格，信息质量非常高。另外，存量房业主在销售时，需要面对新房销售的强有力竞争，其供给价格不得不向新房靠拢。

2. 存量房销售价格

市场均衡价格受时间和区域限制，随着房地产市场成熟度的提高，新建商品房在部分成熟区域的开发量必然减少，这就使得新房销售价格难以获取，而存量房销售价格成为市场均衡价格的重要参考。获取存量房销售价格的两个主要渠道，一是登记中心申报的成交价，二是房地产经纪机构成交的合同价。从信息质量上讲，官方信息往往存在当事人避税的情形，而低于实际成交价，需要房地产经纪人员对其进行修正；机构信息虽然质量高，却往往因为保护消费者隐私和市场竞争的原因，难以获得。

3. 金融机构掌握价格

随着房地产价值的不断提高，市场中越来越多的交易需要通过金融信贷支持才能完成，这使得金融机构掌握有越来越多的成交价格信息。这类价格信息的质量，也因为受低利率信贷政策和消费习惯改变的影响，呈现高于实际成交价的情形，同样需要房地产经纪人员对其进行修正。

4. 存量房挂牌价格

这类价格信息虽然不属于市场成交价格范畴，但因其易于搜集、数量巨大、反映供给趋势的特点，对房地产经纪人员搜集市场均衡价格有重要指导意义。通常，这类信息在网络、报媒中大量存在，一部分由业主自行发布，另一部分由房地产经纪机构受托发布，价格信息往往高于真实成交价。

5. 租赁成交价格

首先，广义的房地产价格就包括租赁价格；其次，从价值评估的收益还原理论来讲，租赁价格是房地产价格的另一种表现形式，它可以通过还原为现值的方式测算出房地产价格。目前，由于租赁市场的分散性特点，其价格主要通过房地产经纪机构租赁成交信息获取，最终以租售比的形式反映市场均衡价格的合理区间。

三、价格信息搜集的方法

价格信息对于房地产经纪人员的业务开展具有关键作用，价格信息的搜集主要有以下几种方法：

1. 政府主管部门网站

政府主管部门的网站，是房地产经纪人员了解房地产交易价格信息的主要渠道之一。政府部门所掌握的价格信息有以下两个特点：

①真实有效。此类价格信息都是在政府相关部门进行登记的信息，内容真实有效。

②时效性相对较差。此类价格信息大多数以登记完毕后为准，较交易当事人签订相关合同时，时间已经相对滞后。

针对从政府主管部门网站搜集到的房地产价格信息，房地产经纪人员应该考虑到时效性问题，在实际操作过程中，应注意与其他渠道搜集的价格信息综合运用。

2. 房地产经纪公司的成交情况

房地产经纪公司的成交情况，是房地产经纪人员又一主要的价格信息搜集渠道。房地产经纪公司从事房地产经纪业务，每个月都有许多的成交情况，此类成交情况就是价格信息的有效反映，而且时效性较快。

以此类方法搜集到的价格信息有可能会有一定的误差，因为，房地产经纪机构的成交报告主要以签订的《商品房买卖合同》为依据，就有可能出现签订了合同，最后却没有成交过户的情况。那么，此类价格信息就不具有任何指导意义。

3. 通过交易当事人了解信息

房地产经纪人员在跟进客户或是业主时，了解到客户已经购买、租赁物业，或是业主已经将物业出售、出租，应该适时询问房屋的买卖价格或是租赁价格，并记录在案。通过交易当事人了解到的信息，应对其真实性及时效性做一定的评估。

4. 相关机构的调研报告

市场调研报告是房地产经纪人员应及时关注的信息。目前，专业的房地产营销代理公司、房地产经纪公司及相关房地产行业机构，都有房地产周报、月报、分析报告等，此类报告大多数是免费的，并且会及时在市场进行公开，房地产经纪人员可以从他们的调研报告中了解相关的价格信息。

5. 房地产专业网站

专业的房地产网站也是价格信息有力的提供者。房地产经纪人员可以通过浏览房地产专业网站，查看相关价格信息，包括各区域的买卖均价、成交情况等。

此外，在房地产专业网站上还有很多其他房地产经纪人员的放盘信息，此类信息仅作为房地产经纪人员的参考价格，因为很多房地产经纪人员为了吸引客户打电话询问房源信息，会故意将价格发布得相对较低。

6. 报媒房地产专版

在报媒房地产专版上也会出现很多价格信息，一方面，包括一些评论员提供的成交数据、价格情况等；另一方面，也有很多房源广告，也标注有相关的价格信息，房地产经纪人员也可以从侧面了解相关价格情况。

四、价格信息的整理与分析

房地产经纪人员将搜集到的价格信息可按以下情况进行整理分类：

①根据房地产经纪业务的不同，分为买卖价格、租赁价格。

②根据物业形态的不同，分为商业（商铺、写字楼）类价格、住宅类价格（别墅、洋房、小高层、高层等）。

③根据户型的不同，分为一居室价格、两居室价格、三居室价格等。

④根据面积区间的不同，分为 60～70 m^2 的价格、70～80 m^2 的价格等。

⑤根据物业小区的不同，归类不同小区的价格。

房地产经纪人员应将整理后的价格信息进行简单的分析，学会运用 Excel 制作价格趋势图，分析价格波动背后的原因。

五、价格信息的应用与更新

（一）价格信息的应用

1. 为房地产交易谈判提供价格参考

任何房地产交易都不能脱离市场，价格信息是交易当事人进行价格谈判最为重要的参考条件。房地产经纪人员在组织双方价格谈判时，应该将类似物业的价格信息传递给交易当事人双方，交易当事人再根据房源的个案情况，结合市场状况进行相关谈判，最终实现成交。价格信息在交易当事人谈判中，具备一定的指导功能，也能帮助买卖双方正确认识房源个案的价值。

2. 利用价格趋势促进房源和客源的开发

价格趋势是房地产经纪人员促进房源、客源开发的一种方式。价格状态呈上扬趋势，房地产经纪人员可以将信息告知客户，促使其尽快下决定购买物业；价格状态呈现下降趋势，房地产经纪人员可以将信息尽快告知业主，促使其尽快下决定出售物业，避免不必要的损失。

（二）价格信息的更新

在市场经济条件下，房地产成交价格受法律法规、相关政策、市场供需和当事人价格预期、议价能力等多种因素的影响，总是在不断变化，具有一定的时效性。因此，房地产经纪人员应随时关注市场的价格动态，搜集、掌握价格信息的变化，及时更新，以保证信息的时效性。

六、价格信息搜集的常用表单

××小区××年××月出售信息记录表

序号	物业形态	房号	户型	面积	成交时间	成交价格	信息来源	备注
1								
2								
⋮								

××小区××年××月出租信息记录表

序号	房号	户型	面积	成交时间	租赁期限	成交价格	信息来源	备注
1								
2								
⋮								

第二章 房地产经纪服务合同签订

【本章导读】

房地产经纪服务合同是依法确立房地产经纪机构与委托方权利义务关系的法律文书，在房地产经纪服务中不可或缺。本章阐述了合同的概念、订立程序、成立与生效、房地产经纪服务合同的类型等；重点列举了签订经纪服务合同的常见错误及风险防范；最后对房地产广告发布及其信息发布的渠道和注意事项作了介绍。

第一节　房地产经纪服务合同概述

一、合同的概念及特征

（一）合同的概念

合同是平等主体的自然人、法人、其他组织之间设立、变更、终止民事权利义务关系的协议。

(二)合同的特征

①合同是一种民事法律行为,因此《民法通则》中关于民事法律行为的规定除合同法另有规定外均适用于合同;

②合同是双方或多方当事人之间的民事法律行为,因此合同的成立除了当事人要有意思表示外,还需要当事人达成合意;

③我国合同法上的合同仅指当事人设立、终止和变更财产权的双方或多方法律行为,就身份关系而达成的协议不适用合同法的规定;

④合同是债的发生原因之一,因此合同在有效成立之后就按照当事人的合意在当事人之间产生了一定的债权债务关系。

二、合同的订立

合同的订立是指缔约人因订立合同而作出意思表示并达成合意的程序。

法律将当事人达成协议的过程拆解成两个阶段:一是主动要求和对方订立合同的意思表示,被称之为要约;二是对主动方提出订立合同的意思加以同意的意思表示,被称之为承诺。

三、合同的成立和生效

合同的成立,是指双方当事人意思表示一致而建立了合同关系,表明合同订立过程的完结。

合同的生效,是指已经成立的合同在当事人之间产生一定的法律拘束力。依法成立的合同,自成立时生效。法律、行政法规规定应当办理批准、登记等手续生效的,依照其规定。

合同的生效要件包括:

①行为人具有相应的民事行为能力;

②行为人的意思表示真实;

③不违反法律和社会公共利益,指意思表示的内容不得与法律的强制性或禁止性规范相抵触,也不得滥用法律的授权性或任意性规定以规避法律,如合同的标的必须是合法。

有下列情形的之一,合同无效:

①一方以欺诈、胁迫的手段订立合同,损害国家利益;

②恶意串通,损害国家、集体或者第三人利益;

③以合法形式掩盖非法目的;

④损害社会公共利益;

⑤违反法律、行政法规的强制性规定。

四、房地产经纪服务合同

房地产经纪机构承接房地产经纪业务，应当与委托人签订书面的房地产经纪服务合同。

房地产经纪服务合同应当优先选用建设（房地产）主管部门或者房地产经纪行业组织制定的示范文本；不选用的，应当经委托人书面同意。

房地产经纪机构承接代办房地产贷款、代办房地产登记等其他服务，应当与委托人另行签订服务合同。

房地产经纪服务合同是房地产经纪活动中最重要的文字载体。在房地产经纪合同中应当有执行该项经纪业务的房地产经纪人员的签名。

（一）房地产经纪服务合同的内容

房地产经纪服务合同应当包含下列内容：

①房地产经纪服务双方当事人的姓名（名称）、住所等情况和从事业务的房地产经纪人员情况；

②房地产经纪服务的项目、内容、要求以及完成的标准；

③服务费用及其支付方式；

④合同当事人的权利和义务；

⑤违约责任和纠纷解决方式。

（二）房地产经纪服务合同的主要类型

1. 房地产代理合同

（1）房地产代理合同的概念与特征

房地产代理合同即指房地产经纪机构经客户授权而代理客户与第三方进行房地产交易而与客户签订的代理合同。房地产经纪机构以自身的专长、专业水平、知识和能力为被代理人实施“商事代理行为”（房地产交易）的代理行为。

房地产代理合同的法律特征包括：

①为诺成、双务合同；

②可以是有偿的，也可以是无偿的；

③合同标的是劳务或服务；

④具有一定的人身性质，除法律或合同另有规定外，受托人应亲自办理委托事务。

作为商事代理合同，房地产代理合同中的代理人必须是具有从事经营房地产经纪业务资质的房地产经纪机构，而且它是代理人出于营利目的而与客户签订的。同时，与一般民事代理合同可以采取书面合同或口头合同不同，房地产经纪代理合同通常是书面合同。

房地产代理合同是以被代理人确定委托代理权限和代理人接受授权为合同的成立条件的，属于委托代理。因房地产代理合同而产生的代理行为受被代理人规定的权限限制，被代理人没有授权或规定的合同内容，代理人无权处理。

(2)房地产经纪人员的义务

①按照指示处理事务的义务。

②亲自处理事务的义务；遇到紧急情况，为了使被代理人的利益不受影响，或者因紧急情况发生不能及时通知到被代理人时，房地产经纪人员可以将被代理人员的事务委托给第三人处理。

③向被代理人报告处理事务情况的义务。处理事务完毕后应当向被代理人报告处理事务的过程和应当交付被代理人的有关文件及书证等材料。房地产经纪人员向被代理人报告处理事务的过程和结果应当是被代理人的要求，并以有必要为限。

④处理事务的收益和所得交付被代理人的义务。

(3)被代理人的义务

①承担后果的义务。房地产经纪人在被代理人的授权指示范围内所处理事务的后果应当由被代理人承担。

②承担处理事务的费用的义务。

③给付房地产经纪人员报酬的义务。

④承担赔偿损失的义务。

2. 居间合同

(1)居间合同的概念及特征

居间合同是指居间人向委托人报告订立合同的机会或者提供订立合同的媒介服务，委托人支付报酬的合同。根据居间人所提供的居间服务类型的不同，居间合同可以分为指示居间合同和媒介居间合同。

指示居间即居间人向委托人报告订约的机会，媒介居间则是居间人根据委托人的要求将交易目的相近或相符的双方委托人以媒妁方式促成其交易。一般来讲，在房地产经纪活动中，指示居间行为是房地产经纪人员向委托人员提供房地产的交易信息，包括交易数量、交易行情、交易方式等，使委托人能够选择符合自己交易目的的房地产；媒介居间行为是指房地产经纪人员为委托人提供订约媒介的服务。在房地产经纪活动实际运作中，这两种方式不是完全独立的，常常需要相互结合才能促成合同的订立。

居间合同的法律特征包括：

①居间合同是一方为他方报告订约机会或者提供订约媒介的合同。

②居间合同为有偿合同、诺成性合同、不要式合同。

③居间合同中委托人的给付义务的履行具有不确定性。居间合同与代理合同的

区别是：房地产经纪人员可以同时接受一方或相对两方委托人的委托，向一方或相对两方委托人提供居间服务；而代理人只能接受一方委托人的委托代理事务，国家法律没有有关代理人可以同时接受相对两方委托人的委托代理事务的解释。

(2)房地产经纪人员的义务

①如实报告的义务；

②尽责、勤勉地提供居间服务的义务；

③保守秘密的义务。

(3)委托人的义务

①支付报酬的义务；

②支付必要费用的义务。

3. 经纪服务合同范本

房地产经纪人员根据业务类型的不同，选择相应的房地产经纪服务合同。房地产经纪合同主要包括《房屋出售经纪服务合同》《房屋出租经纪服务合同》《房屋承购经纪服务合同》《房屋承租经纪服务合同》。

(1)房屋出售经纪服务合同

房屋出售经纪服务合同是指房地产权利人委托房地产经纪机构出售其所属物业时，与房地产经纪机构签订的经纪服务合同。以下为中国房地产估价师与房地产经纪人学会推荐文本。

【范本】

合同编号：________________

房屋出售委托协议

委托人：________________________________（系房屋出售人）

【本人】【法定代表人】姓名：____________ 国籍：____________

【身份证号】【护照号】【营业执照注册号】【　　】________________________

住所：____

邮政编码：________________ 联系电话：________________

受托人：________________________________（系房地产经纪机构）

法定代表人：____

营业执照注册号：____

房地产管理部门备案号：____

住所：____

邮政编码：________________ 联系电话：________________

根据《中华人民共和国合同法》《中华人民共和国城市房地产管理法》及其他法律法规，委托人和受托人本着平等、自愿、公平、诚实信用的原则，经协商一致，达成如下协议。

第一条　委托事项

委托人为出售《标的房屋信息》(见本协议附件)所特指的房屋(以下简称标的房屋),委托受托人提供本协议第三条约定的服务。

【受托人指派】【委托人选定】注册在受托人名下的下列房地产经纪人为本协议委托事项的承办人,执行委托事项:

承办人姓名:________性别:________身份证件号码:________________________
房地产经纪人注册号:______________________________

承办人选派注册在受托人名下的下列房地产经纪人协理为本协议委托事项的协办人,协助承办人执行委托事项:

协办人姓名:________性别:________身份证件号码:________________________

第二条　标的房屋信息

签订本协议时,受托人应凭借自己的专业知识和经验,向委托人全面、详细询问为促成委托人与第三人进行标的房屋买卖所必需的标的房屋情况,要求委托人如实提供相应的资料;委托人应对其提供的情况和资料的真实性承担法律责任。

受托人应根据委托人提供的情况和资料,到标的房屋现场及有关部门进行必要的调查、核实,并与委托人共同如实填写《标的房屋信息》。

《标的房屋信息》为本协议的重要组成部分。

第三条　服务内容

委托人委托受托人提供下列第________项服务(可多选):

(一)提供与标的房屋买卖相关的法律法规、政策、市场行情咨询。

(二)寻找承购人。

(三)在本协议第四条约定的期限内代管标的房屋。

(四)协助委托人与承购人达成房屋买卖合同。

(五)代办房地产估价、公证手续。

(六)为委托人代办税费缴纳事务。

(七)代办解除标的房屋抵押贷款手续。

(八)代办房屋产权及附属设施过户手续。

(九)代理移交房屋、附属设施及家具设备等。

(十)代办各种收费设施的交接手续。

(十一)其他(请注明)____。

受托人为完成委托代办事项而向委托人收取证件、文件、资料时,应向委托人开具规范的收件清单,并妥善保管;完成委托代办事项后,应及时将上述证件、文件、资料退还委托人。

第四条　委托期限与方式

(一)委托期限按照下列第____种方式确定(只可选一项):

1. 自____年____月____日起，至____年____月____日止。期限届满，本协议自行终止。

2. 自本协议签订之日起，至委托人与承购人签订房屋买卖合同之日止。

3. 其他（请注明）____。

（二）委托人【承诺】【不承诺】在委托期限内本协议约定的委托事项为独家委托。

第五条　委托出售价格

委托人要求标的房屋的出售总价不低于【人民币】【　　】大写____________元（小写______元）。实际成交价高于前款约定最低出售价的，高出部分属委托人所有。

第六条　服务费用支付

（一）佣金

在本协议第四条约定的期限内委托人与承购人达成房屋买卖合同的，委托人应向受托人支付佣金。

1. 佣金的支付标准及金额按照下列第____种方式确定（只可选一项）：

（1）按房屋买卖合同中载明的成交价的大写百分之__________（小写______%）计付佣金。

（2）按固定金额【人民币】【　　】大写____________元（小写______元）支付佣金。

（3）其他（请注明）____。

2. 佣金的支付时间按照下列第____种方式确定（只可选一项）：

（1）自房屋买卖合同签订之日起____日内支付。

（2）于房屋买卖合同签订之日，支付佣金总额的大写百分之____（小写______%）；于房屋产权过户手续完成之日，支付佣金总额的大写百分之______（小写______%）；于房屋交付完成之日，支付佣金总额的大写百分之______（小写______%）。

（3）其他（请注明）____。

3. 在本协议第四条约定的期限内未能达成房屋买卖合同的，对受托人为完成委托事项已支出的必要费用，按照下列第____种方式处理（下列选项只有一项有效，填写两项或两项以上者，按照有利于委托人的选项执行）：

（1）由受托人承担。

（2）以【人民币】【　　】大写____________元（小写____元）为限，自委托期限届满之日起______日内支付。

（3）按上列约定佣金支付标准的大写百分之____________（小写______%）计算，自委托期限届满之日起______日内支付。

（4）由委托人和受托人根据受托人完成的工作量另行议定。

（5）其他（请注明）____。

4. 受托人收取佣金后，应向委托人开具正式发票。

（二）代办事项服务费

受托人完成本协议第三条约定的代办事项的，委托人应按照下列第____种方式向受托人支付服务费（下列选项只有一项有效，填写两项或两项以上者，按照有利于委托人的选项执行）：

1. 由受托人承担。

2. 按受托人经营场所明示的收费标准，自委托事项完成之日起____日内或____________支付。

3. 按受托人经营场所明示的收费标准的大写百分之________（小写______%），自委托事项完成之日起____日内或____支付。

4. 按固定金额【人民币】【　　】大写________元（小写____元），自委托事项完成之日起____日内或________支付。

5. 其他（请注明）____。

受托人收取代办服务费后，应向委托人开具正式发票。

（三）代缴税费

受托人在完成委托事项中，代委托人向第三方缴纳的税费，按照下列第____种方式处理（下列选项只有一项有效，填写两项或两项以上者，按照有利于委托人的选项执行）：

1. 委托人按委托人和受托人认同的估算金额预付给受托人，待约定的代缴税费事项完成、委托期限届满或者本协议终止（以先者为准）时，受托人凭缴纳税费收据与委托人结算，如有差额多退少补。

2. 由受托人提供收费标准与金额，委托人按代办进程将应缴税费付给受托人，委托其代为向第三方缴纳。

3. 其他（请注明）____。

第七条　交易过错责任承担

委托人因与本项委托直接关联的交易与承购人发生权属纠纷且委托人属过错方的，除受托人能证明属于委托人过错、应由委托人承担责任的外，受托人作为专业机构应承担过错责任，对委托人应承担的民事责任承担连带责任。

受托人不得在本协议以外的补充约定中，设立明示或者暗示与本条款相冲突的免除受托人责任的条款。

第八条　违约责任

（一）委托人违约责任

1. 委托人故意提供虚假的标的房屋情况和资料的，受托人有权单方解除本协议，给受托人造成损失的，委托人应依法承担赔偿责任。

2. 委托人泄露由受托人提供的承购人资料，给受托人、承购人造成损失的，委托人应依法承担赔偿责任。

3. 委托人在委托期限内自行与第三人达成交易的，应按照本协议约定的标准向受托人支付佣金。但委托人在本协议第四条第二款中不承诺为独家委托，并能证明该项交易与受托人的服务没有直接因果关系的除外。

（二）受托人违约责任

1. 受托人违背执业保密义务，不当泄露委托人商业秘密或个人隐私，给委托人造成损害的，应按照________标准支付违约金，约定违约金不足以弥补委托人损失的，委托人有权要求补充赔偿。

2. 受托人有隐瞒、虚构信息或恶意串通等影响委托人利益的行为，委托人除有权解除本协议、要求退还已支付的相关款项外，受托人还应按照________________标准，向委托人支付违约金。

3. 在委托代办事项中，受托人因工作疏漏，遗失委托人的证件、文件、资料、发票等，应给予相应经济补偿。

（三）委托人与受托人之间有付款义务而延迟履行的，应按照迟延天数乘以应付款项的大写百分之____________（小写______%）计算迟延付款违约金支付给对方，但不超过应付款总额。

第九条　协议变更与解除

（一）协议变更

在本协议履行期间，任何一方要求变更本协议条款，应书面通知对方。经双方协商一致，可达成补充协议。补充协议为本协议的组成部分，与本协议具有同等效力。

若经双方协商一致，无须签订补充协议的，应将变更事项简记于本协议的附注栏内。

（二）协议解除

1. 委托人有确凿证据证明受托人有与其执业身份不相称的行为且将影响委托人利益的，可于委托期限届满前，书面通知受托人解除本协议，受托人应在收到通知之日起____日内将预收的费用退还委托人。

2. 受托人有确凿证据证明委托人隐瞒重要事实且足以影响交易安全的，可于委托期限届满前，书面通知委托人解除本协议，已收费用不予退还，并可依法追偿约定的或已发生的费用。

第十条　争议处理

因履行本协议发生争议，由争议双方协商解决，协商不成的，双方【同意】【不同意】由标的房屋所在地的房地产经纪行业组织调解。

调解不成或者不同意调解的，按照下列第____种方式解决：

1. 提交________仲裁委员会仲裁。

2. 依法向人民法院起诉。

第十一条　协议生效

本协议一式____份，具有同等法律效力，委托人____份，受托人____份。

本协议自双方签订之日起生效。

委托人(签章)：　　　　　　　　　　　　受托人(签章)：

承办人(签章)：

协办人(签章)：

签订地点：

签订日期：二〇　　年　　月　　日

附　注　栏

变更日期	变更事项	双方签字确认

附件

标的房屋信息

委托出售房屋可公开基本信息
位置：________省(自治区、直辖市)________市(县)________(区)________路________(巷)(胡同)________小区 用途：________ 建筑结构：________ 户型：________室________厅________卫________厨或平房________间 面积：建筑面积：________平方米；使用面积：________平方米； 套内建筑面积：________平方米 装修：【毛坯房】【粗装修】【精装修】【　　】
委托出售房屋其他可公开基本信息

委托出售房屋的权益信息
1. 所有权人：________________。 2. 共有权人：________________（没有共有权人的填写“无”，不宜留空）。 3. 房屋所有权人持有______颁发的所有权证书，证书号______________。证书复印件见粘贴页。 4. 房屋所有权性质：【私房】【已购公有住房】【商品房】【经济适用住房】【　　】。 5. 房屋所占土地性质：【国有划拨】【国有出让】【农民集体】【　　】。 6. 该房屋享有的附属权益：________________（如树木、合法搭建、车位、会所、公用物业受益、公共维修基金等）。 7. 属于有限责任公司、股份有限公司所有的，有无公司董事会、股东大会审议同意【出售】【出租】的合法书面文件，见粘贴页。 8. 属于国有或集体资产的，有无政府主管部门的批准文件，见粘贴页。 9. 属于共有财产的，有无共有权人同意转让的书面证明，见粘贴页。 10. 有无司法机关或者行政机关依法裁定，决定查封或者以其他形式限制权利的情况。 11. 有无抵押等他项权利设置情况，若有，有无取得抵押权人等他项权利人书面同意买卖的证明，见粘贴页。 12. 有无承租人占用房屋，若有，有无承租人放弃优先购买权的书面声明，见粘贴页。 13. 承租人放弃优先购买权，承购人购房后应继续履行租赁合同到合同期满____年____月____日，租赁合同见粘贴页。 14. 委托出售房屋是否被列入拆迁公告范围内。 15. 其他已知可能影响出售的情况：________________。

委托出售房屋的区位信息
坐落：______省（自治区、直辖市）______市（县）______区______镇______街（巷）（胡同）______小区____号楼____号房 通讯地址：________________　邮政编码：__________ 在__________街道办事处__________居民委员会辖区 在__________公安局__________派出所管辖区 附近500米内的地标性建筑物：________________ 附近500米内的商场、超市：________________ 附近500米内的学校、医院：________________ 附近500米内的公交车站：________________ 其他便利条件：________________

委托出售房屋的实物信息
建成年月:________年____月 设计用途:________________________________ 建筑结构:砖混　砖木　框架　框剪　________ 户型特点:平层　错层　跃层　复式　________ 垂直通行设施:垂直电梯____部　步梯____处 配套设施设备: 供水:自来水　矿泉水　热水　中水　________ 供电:220 V　380 V　可负荷________kW 供燃气:天然气　煤气　________ 外供暖气:汽暖　水暖　供暖周期　________________ 自备采暖:电暖　燃气采暖　燃煤采暖　________________ 空调:中央空调　自装柜机____台　自装挂机____台 电视馈线:无线　有线(数字、模拟) 电话:外线号码____________内线号码____________ 互联网接入方式:拨号　宽带　ADSL　____________

随房屋家具、电器、用品清单

名　称	数　量	成新率	名　称	数　量	成新率
双人床			电　视		
单人床			冰　箱		
床头柜			洗衣机		
梳妆台			热水器		
衣　柜			空　调		
书　柜			燃气灶		
写字台			排油烟机		
沙　发			饮水机		
茶　几			电话机		
椅　子			吸尘器		
餐　桌					
电视柜					

委托出售房屋的债权债务信息
水费：价格________ 预付余额________ 欠费额________ 近期交费凭证见粘贴页 电费：价格________ 预付余额________ 欠费额________ 近期交费凭证见粘贴页 燃气费：价格________ 预付余额________ 欠费额________ 近期交费凭证见粘贴页 固定电话费：价格________ 预付余额________ 欠费额________ 近期交费凭证见粘贴页 物业管理费：价格________ 预付余额________ 欠费额________ 近期交费凭证见粘贴页 供暖费：价格________ 预付余额________ 欠费额________ 近期交费凭证见粘贴页 电视收视费：价格________ 预付余额________ 欠费额________ 近期交费凭证见粘贴页 互联网费：价格________ 预付余额________ 欠费额________ 近期交费凭证见粘贴页

粘　贴　页

(2)房屋出租经纪服务合同

房屋出租经纪服务合同是指房地产权利人委托房地产经纪机构出租其所属物业时，与房地产经纪机构签订的经纪服务合同。以下为中国房地产估价师与房地产经纪人学会推荐文本。

【范本】

合同编号：________________

房屋出租委托协议

委托人：____________________________________(系房屋出租人)

【本人】【法定代表人】姓名：________ 国籍：__________

【身份证号】【护照号】【营业执照注册号】【　　】______________________________

住所：____

邮政编码：____________ 联系电话：__________

受托人：________________________（系房地产经纪机构）
法定代表人：________________________
营业执照注册号：________________________
房地产管理部门备案号：________________________
住所：________________________
邮政编码：__________联系电话：__________

根据《中华人民共和国合同法》《中华人民共和国城市房地产管理法》及其他法律法规，委托人和受托人本着平等、自愿、公平、诚实信用的原则，经协商一致，达成如下协议。

第一条　委托事项

委托人为出租《标的房屋信息》（见本协议附件）所特指的房屋（以下简称标的房屋），委托受托人提供本协议第三条约定的服务。

【受托人指派】【委托人选定】注册在受托人名下的下列房地产经纪人为本协议委托事项的承办人，执行委托事项：

承办人姓名：________性别：________身份证件号码：________________
房地产经纪人注册号：________________

承办人选派注册在受托人名下的下列房地产经纪人协理为本协议委托事项的协办人，协助承办人执行委托事项：

协办人姓名：________性别：________身份证件号码：________________

第二条　标的房屋信息

签订本协议时，受托人应凭借自己的专业知识和经验，向委托人全面、详细询问为促成委托人与第三人进行标的房屋租赁所必需的标的房屋情况，要求委托人如实提供相应的资料；委托人应对其提供的情况和资料的真实性承担法律责任。

受托人应根据委托人提供的情况和资料，到标的房屋现场及有关部门进行必要的调查、核实，并与委托人共同如实填写《标的房屋信息》。

《标的房屋信息》为本协议的重要组成部分。

第三条　服务内容

委托人委托受托人提供下列第________项服务（可多选）：

（一）提供与标的房屋租赁相关的法律法规、政策、市场行情咨询。

（二）寻找承租人。

（三）在本协议第四条约定的期限内代管标的房屋。

（四）协助委托人与承租人达成房屋租赁合同。

（五）为委托人代办税费缴纳事务。

（六）代理交接房屋、附属设施及家具设备等。

（七）代办各种收费设施的交接手续。

(八)其他(请注明)______________________________________。

受托人为完成委托代办事项而向委托人收取证件、文件、资料时，应向委托人开具规范的收件清单，并妥善保管；完成委托代办事项后，应及时将上述证件、文件、资料退还委托人。

第四条　委托期限与方式

(一)委托期限按照下列第____种方式确定(只可选一项)：

1. 自____年____月____日起，至____年____月____日止。期限届满，本协议自行终止。

2. 自本协议签订之日起，至委托人与承租人签订房屋租赁合同之日止。

3. 其他(请注明)______________________________________。

(二)委托人【承诺】【不承诺】在委托期限内本协议约定的委托事项为独家委托。

第五条　委托出租价格

委托人要求标的房屋的【月】【季】【年】【　　】租金不低于【人民币】【　　】大写____________元(小写______元)。实际租金高于前款约定最低租金的，高出部分属委托人所有。

第六条　服务费用支付

(一)佣金

在本协议第四条约定的期限内委托人与承租人达成房屋租赁合同的，委托人应向受托人支付佣金。

1. 佣金的支付标准及金额按照下列第____种方式确定(只可选一项)：

(1)按房屋租赁合同中载明的【月】【季】【年】【　　】租金的大写百分之______(小写____%)计付佣金。

(2)按固定金额【人民币】【　　】大写____________元(小写________元)支付佣金。

(3)其他(请注明)______________________________________。

2. 佣金的支付时间按照下列第____种方式确定：

(1)自房屋租赁合同签订之日起____日内支付。

(2)其他(请注明)______________________________________。

3. 在本协议第四条约定的期限内未能达成房屋租赁合同的，对受托人为完成委托事项已支出的必要费用，按照下列第____种方式处理(下列选项只有一项有效，填写两项或两项以上者，按照有利于委托人的选项执行)：

(1)由受托人承担。

(2)以【人民币】【　　】大写________元(小写____元)为限，自委托期限届满之日起____日内支付。

(3)按上列约定佣金支付标准的大写百分之______(小写____%)计算，自委托期限届满之日起____日内支付。

(4)由委托人和受托人根据受托人完成的工作量另行议定。

(5)其他(请注明)____。

4.受托人收取佣金后,应向委托人开具正式发票。

(二)代办事项服务费

受托人完成本协议第三条约定的代办事项的,委托人应按照下列第____种方式向受托人支付服务费(下列选项只有一项有效,填写两项或两项以上者,按照有利于委托人的选项执行):

1.由受托人承担。

2.按受托人经营场所明示的收费标准,自委托事项完成之日起____日内或________________支付。

3.按受托人经营场所明示的收费标准的大写百分之______(小写____%),自委托事项完成之日起____日内或____________支付。

4.按固定金额【人民币】【　　】大写________元(小写________元),自委托事项完成之日起____日内或____________支付。

5.其他(请注明)____。

受托人收取代办服务费后,应向委托人开具正式发票。

(三)代缴税费

受托人在完成委托事项中,代委托人向第三方缴纳的税费,按照下列第____种方式处理(下列选项只有一项有效,填写两项或两项以上者,按照有利于委托人的选项执行):

1.委托人按委托人和受托人认同的估算金额预付给受托人,待约定的代缴税费事项完成、委托期限届满或者本协议终止(以先者为准)时,受托人凭缴纳税费收据与委托人结算,如有差额多退少补。

2.由受托人提供收费标准与金额,委托人按代办进程将应缴税费付给受托人,委托其代为向第三方缴纳。

3.其他(请注明)____。

第七条　交易过错责任承担

委托人因与本项委托直接关联的交易与承租人发生房屋租赁权纠纷且委托人属过错方的,除受托人能证明属于委托人过错、应由委托人承担责任的外,受托人作为专业机构应承担过错责任,对委托人应承担的民事责任承担连带责任。

受托人不得在本协议以外的补充约定中,设立明示或者暗示与本条款相冲突的免除受托人责任的条款。

第八条　违约责任

(一)委托人违约责任

1.委托人故意提供虚假的标的房屋情况和资料的,受托人有权单方解除本协议,给受托人造成损失的,委托人应依法承担赔偿责任。

2. 委托人泄露由受托人提供的承租人资料，给受托人、承租人造成损失的，委托人应依法承担赔偿责任。

3. 委托人在委托期限内自行与第三人达成交易的，应按照本协议约定的标准向受托人支付佣金。但委托人在本协议第四条第二款中不承诺为独家委托，并能证明该项交易与受托人的服务没有直接因果关系的除外。

（二）受托人违约责任

1. 受托人违背执业保密义务，不当泄露委托人商业秘密或个人隐私，给委托人造成损害的，应按照________________标准支付违约金，约定违约金不足以弥补委托人损失的，委托人有权要求补充赔偿。

2. 受托人有隐瞒、虚构信息或恶意串通等影响委托人利益的行为，委托人除有权解除本协议、要求退还已支付的相关款项外，受托人还应按照________________标准，向委托人支付违约金。

3. 在委托代办事项中，受托人因工作疏漏，遗失委托人的证件、文件、资料、发票等，应给予相应经济补偿。

（三）委托人与受托人之间有付款义务而延迟履行的，应按照迟延天数乘以应付款项的大写百分之________（小写____%）计算迟延付款违约金支付给对方，但不超过应付款总额。

第九条　协议变更与解除

（一）协议变更

在本协议履行期间，任何一方要求变更本协议条款，应书面通知对方。经双方协商一致，可达成补充协议。补充协议为本协议的组成部分，与本协议具有同等效力。

如经双方协商一致，无需签订补充协议的，应将变更事项简记于本协议的附注栏内。

（二）协议解除

1. 委托人有确凿证据证明受托人有与其执业身份不相称的行为且将影响委托人利益的，可于委托期限届满前，书面通知受托人解除本协议，受托人应在收到通知之日起____日内将预收的费用退还委托人。

2. 受托人有确凿证据证明委托人隐瞒重要事实且足以影响交易安全的，可于委托期限届满前，书面通知委托人解除本协议，已收费用不予退还，并可依法追偿约定的或已发生的费用。

第十条　争议处理

因履行本协议发生争议，由争议双方协商解决，协商不成的，双方【同意】【不同意】由标的房屋所在地的房地产经纪行业组织调解。

调解不成或者不同意调解的，按照下列第____种方式解决：

1. 提交________仲裁委员会仲裁。

2. 依法向人民法院起诉。

第十一条　协议生效

本协议一式____份，具有同等法律效力，委托人____份，受托人____份。

本协议自双方签订之日起生效。

委托人（签章）：　　　　　　　　　　受托人（签章）：

承办人（签章）：

协办人（签章）：

签订地点：

签订日期：二〇　　年　　月　　日

附　注　栏

变更日期	变更事项	双方签字确认

附件

标的房屋信息

委托出租房屋可公开基本信息
位置：________省（自治区、直辖市）________市（县）________（区）________路________（巷）（胡同）________小区 用途：____ 建筑结构：____________________________________ 户型：____室____厅____卫____厨或平房____间 面积：建筑面积：________平方米；使用面积：________平方米； 套内建筑面积：________平方米 装修：【毛坯房】【粗装修】【精装修】【　　】
委托出租房屋其他可公开基本信息

委托出租房屋的权益信息
1. 所有权人:______________________________。 2. 共有权人:________________________(没有共有权人的填写"无",不宜留空)。 3. 房屋所有权人持有__________颁发的所有权证书,证书号______________________。证书复印件见粘贴页。 4. 房屋所有权性质:【私房】【已购公有住房】【商品房】【经济适用住房】【　　】。 5. 房屋所占土地性质:【国有划拨】【国有出让】【农民集体】【　　】。 6. 该房屋享有的附属权益:______________________(如树木、合法搭建、车位、会所、公用物业受益、公共维修基金等)。 7. 属于有限责任公司、股份有限公司所有的,有无公司董事会、股东大会审议同意【出售】【出租】的合法书面文件,见粘贴页。 8. 属于国有或集体资产的,有无政府主管部门的批准文件,见粘贴页。 9. 属于共有财产的,有无共有权人同意转让的书面证明,见粘贴页。 10. 有无司法机关或者行政机关依法裁定,决定查封或者以其他形式限制权利的情况。 11. 有无抵押等他项权利设置情况,若有,有无取得抵押权人等他项权利人书面同意买卖的证明,见粘贴页。 12. 有无承租人占用房屋,若有,有无承租人放弃优先购买权的书面声明,见粘贴页。 13. 承租人放弃优先购买权,承购人购房后应继续履行租赁合同到合同期满____年____月____日,租赁合同见粘贴页。 14. 委托出租房屋是否被列入拆迁公告范围内。 15. 其他已知可能影响出租的情况:______________________________。

委托出租房屋的区位信息
坐落:________省(自治区、直辖市)________市(县)________区________镇________街(巷)(胡同)________小区________号楼________号房 通邮地址:______________________________邮政编码:______________ 在________________街道办事处________________居民委员会辖区 在________________公安局________________派出所管辖区 附近500米内的地标性建筑物:______________________________ 附近500米内的商场、超市:______________________________ 附近500米内的学校、医院:______________________________ 附近500米内的公交车站:______________________________ 其他便利条件:______________________________

委托出租房屋的实物信息
建成年月:________年____月 设计用途:________________________________ 建筑结构:砖混　砖木　框架　框剪　________ 户型特点:平层　错层　跃层　复式　________ 垂直通行设施:垂直电梯____部　步梯____处 配套设施设备: 供水:自来水　矿泉水　热水　中水　________ 供电:220 V　380 V　可负荷________kW 供燃气:天然气　煤气　________ 外供暖气:汽暖　水暖　供暖周期　________________________ 自备采暖:电暖　燃气采暖　燃煤采暖　____________________ 空调:中央空调　自装柜机____台　自装挂机____台 电视馈线:无线　有线(数字、模拟) 电话:外线号码____________　内线号码____________ 互联网接入方式:拨号　宽带　ADSL　____________

随房屋家具、电器、用品清单

名　称	数　量	成新率	名　称	数　量	成新率
双人床			电　视		
单人床			冰　箱		
床头柜			洗衣机		
梳妆台			热水器		
衣　柜			空　调		
书　柜			燃气灶		
写字台			排油烟机		
沙　发			饮水机		
茶　几			电话机		
椅　子			吸尘器		
餐　桌					
电视柜					

委托出租房屋的债权债务信息
水费:价格________预付余额________欠费额________近期交费凭证见粘贴页 电费:价格________预付余额________欠费额________近期交费凭证见粘贴页 燃气费:价格________预付余额________欠费额________近期交费凭证见粘贴页 固定电话费:价格________预付余额________欠费额________近期交费凭证见粘贴页 物业管理费:价格________预付余额________欠费额________近期交费凭证见粘贴页 供暖费:价格________预付余额________欠费额________近期交费凭证见粘贴页 电视收视费:价格________预付余额________欠费额________近期交费凭证见粘贴页 互联网费:价格________预付余额________欠费额________近期交费凭证见粘贴页

粘贴页

(3)房屋承购经纪服务合同

房屋承购经纪服务合同是指承购人委托房地产经纪机构代为寻找及购买相关物业而与房地产经纪机构签订的经纪服务合同。以下为中国房地产估价师与房地产经纪人学会推荐文本。

【范本】

合同编号:________________

房屋承购委托协议

委托人:________________________________(系房屋承购人)

【本人】【法定代表人】姓名:____________国籍:________

【身份证号】【护照号】【营业执照注册号】【　　】________________________

住所:____

邮政编码:______________________联系电话:______________________

受托人:________________________________(系房地产经纪机构)

法定代表人:____

营业执照注册号:____

房地产管理部门备案号：________________________________

住所：____

邮政编码：______________________联系电话：________________________

根据《中华人民共和国合同法》《中华人民共和国城市房地产管理法》及其他法律法规，委托人和受托人本着平等、自愿、公平、诚实信用的原则，经协商一致，达成如下协议。

第一条　委托事项

委托人为购买《房屋需求信息》（见本协议附件）所要求的房屋（以下简称意愿购买房屋），委托受托人提供本协议第三条约定的服务。

【受托人指派】【委托人选定】注册在受托人名下的下列房地产经纪人为本协议委托事项的承办人，执行委托事项：

承办人姓名：_______性别：_______身份证件号码：____________________

房地产经纪人注册号：______________________

承办人选派注册在受托人名下的下列房地产经纪人协理为本协议委托事项的协办人，协助承办人执行委托事项：

协办人姓名：_______性别：____身份证件号码：______________________

第二条　房屋需求信息

签订本协议时，受托人应凭借自己的专业知识和经验，向委托人详细询问其意愿购买房屋的用途、区位、价位、户型、面积、建成年份或新旧程度等要求；委托人应对其购买意愿表示的真实性承担法律责任。

受托人应根据委托人的购买意愿，与委托人共同如实填写《房屋需求信息》。

《房屋需求信息》为本协议的重要组成部分。

第三条　服务内容

委托人委托受托人提供下列第_______项服务（可多选）：

（一）提供与意愿购买房屋买卖相关的法律法规、政策、市场行情咨询。

（二）寻找意愿购买房屋及其出售人。

（三）对符合委托人购买《房屋需求信息》要求且得到委托人基本认可的房屋进行产权调查和实地查验。

（四）协助委托人与出售人达成房屋买卖合同。

（五）代办房地产估价、公证手续。

（六）为委托人代办税费缴纳事务。

（七）代办购房抵押贷款手续。

（八）代办房屋产权及附属设施过户手续。

（九）代理查验并接受房屋、附属设施及家具设备等。

（十）代办各种收费设施的交接手续。

（十一）其他（请注明）____。

受托人为完成委托代办事项而向委托人收取证件、文件、资料时，应向委托人开具规范的收件清单，并妥善保管；完成委托代办事项后，应及时将上述证件、文件、资料退还委托人。

第四条　委托期限与方式

（一）委托期限按照下列第____种方式确定（只可选一项）：

1. 自____年____月____日起，至____年____月____日止。期限届满，本协议自行终止。

2. 自本协议签订之日起，至委托人与出售人签订房屋买卖合同之日止。

3. 其他（请注明）____。

（二）委托人【承诺】【不承诺】在委托期限内本协议约定的委托事项为独家委托。

第五条　委托承购价格

委托人要求委托承购的房屋总价不高于【人民币】【　　】大写____________元（小写________元）。委托人支付的价格应与出售人得到的价格相同。

第六条　服务费用支付

（一）佣金

在本协议第四条约定的期限内委托人与出售人达成房屋买卖合同的，委托人应向受托人支付佣金。

1. 佣金的支付标准及金额按照下列第____种方式确定（只可选一项）：

（1）按房屋买卖合同中载明的成交价的大写百分之____________（小写____%）计付佣金。

（2）按固定金额【人民币】【　　】大写____________元（小写________元）支付佣金。

（3）其他（请注明）____。

2. 佣金的支付时间按照下列第____种方式确定（只可选一项）：

（1）自房屋买卖合同签订之日起____日内支付。

（2）于房屋买卖合同签订之日，支付佣金总额的大写百分之________（小写____%）；于房屋产权过户手续完成之日，支付佣金总额的大写百分之____________（小写____%）；于房屋交付完成之日，支付佣金总额的大写百分之____________（小写____%）。

（3）其他（请注明）____。

3. 在本协议第四条约定的期限内未能达成房屋买卖合同的，对受托人为完成委托事项已支出的必要费用，按照下列第____种方式处理（下列选项只有一项有效，填写两项或两项以上者，按照有利于委托人的选项执行）：

（1）由受托人承担。

（2）以【人民币】【　　】大写________元（小写________元）为限，自委托期限届满之日起________日内支付。

(3)按上列约定佣金支付标准的大写百分之________(小写____%)计算,自委托期限届满之日起________日内支付。

(4)由委托人和受托人根据受托人完成的工作量另行议定。

(5)其他(请注明)____。

4. 受托人收取佣金后,应向委托人开具正式发票。

(二)代办事项服务费

受托人完成本协议第三条约定的代办事项的,委托人应按照下列第____种方式向受托人支付服务费(下列选项只有一项有效,填写两项或两项以上者,按照有利于委托人的选项执行):

1. 由受托人承担。

2. 按受托人经营场所明示的收费标准,自委托事项完成之日起____日内或____________支付。

3. 按受托人经营场所明示的收费标准的大写百分之________(小写____%),自委托事项完成之日起________日内或________支付。

4. 按固定金额【人民币】【　　】大写________元(小写________元),自委托事项完成之日起________日内或____________支付。

5. 其他(请注明)____。

受托人收取代办服务费后,应向委托人开具正式发票。

(三)代缴税费

受托人在完成委托事项中,代委托人向第三方缴纳的税费,按照下列第____种方式处理(下列选项只有一项有效,填写两项或两项以上者,按照有利于委托人的选项执行):

1. 委托人按委托人和受托人认同的估算金额预付给受托人,待约定的代缴税费事项完成、委托期限届满或者本协议终止(以先者为准)时,受托人凭缴纳税费收据与委托人结算,如有差额多退少补。

2. 由受托人提供收费标准与金额,委托人按代办进程将应缴税费付给受托人,委托其代为向第三方缴纳。

3. 其他(请注明)____。

第七条　交易过错责任承担

委托人因与本项委托直接关联的交易与出售人发生权属纠纷且委托人属过错方的,除受托人能证明属于委托人过错、应由委托人承担责任的外,受托人作为专业机构应承担过错责任,对委托人应承担的民事责任承担连带责任。

受托人不得在本协议以外的补充约定中,设立明示或者暗示与本条款相冲突的免除受托人责任的条款。

第八条　违约责任

(一)委托人违约责任

1. 委托人故意提供虚假的房屋需求信息的,受托人有权单方解除本协议,给受托人造成损失的，委托人应依法承担赔偿责任。

2. 委托人泄露由受托人提供的出售人资料，给受托人、出售人造成损失的，委托人应依法承担赔偿责任。

3. 委托人在委托期限内自行与第三人达成交易的，应按照本协议约定的标准向受托人支付佣金。但委托人在本协议第四条第二款中不承诺为独家委托，并能证明该项交易与受托人的服务没有直接因果关系的除外。

（二）受托人违约责任

1. 受托人违背执业保密义务，不当泄露委托人商业秘密或个人隐私，给委托人造成损害的，应按照＿＿＿＿＿＿＿＿＿标准支付违约金，约定违约金不足以弥补委托人损失的，委托人有权要求补充赔偿。

2. 受托人有隐瞒、虚构信息或恶意串通等影响委托人利益的行为，委托人除有权解除本协议、要求退还已支付的相关款项外，受托人还应按照＿＿＿＿＿＿＿＿＿＿标准，向委托人支付违约金。

3. 在委托代办事项中，受托人因工作疏漏，遗失委托人的证件、文件、资料、发票等，应给予相应经济补偿。

（三）委托人与受托人之间有付款义务而延迟履行的，应按照迟延天数乘以应付款项的大写百分之＿＿＿＿（小写＿＿%）计算迟延付款违约金支付给对方，但不超过应付款总额。

第九条　协议变更与解除

（一）协议变更

在本协议履行期间，任何一方要求变更本协议条款，应书面通知对方。经双方协商一致，可达成补充协议。补充协议为本协议的组成部分，与本协议具有同等效力。

若经双方协商一致，无须签订补充协议的，应将变更事项简记于本协议的附注栏内。

（二）协议解除

1. 委托人有确凿证据证明受托人有与其执业身份不相称的行为且将影响委托人利益的，可于委托期限届满前，书面通知受托人解除本协议，受托人应在收到通知之日起＿＿日内将预收的费用退还委托人。

2. 受托人有确凿证据证明委托人隐瞒重要事实且足以影响交易安全的，可于委托期限届满前，书面通知委托人解除本协议，已收费用不予退还，并可依法追偿约定的或已发生的费用。

第十条　争议处理

因履行本协议发生争议，由争议双方协商解决，协商不成的，双方【同意】【不同意】由标的房屋所在地的房地产经纪行业组织调解。

调解不成或者不同意调解的，按照下列第＿＿种方式解决：

1. 提交＿＿＿＿仲裁委员会仲裁。

2. 依法向人民法院起诉。

第十一条　协议生效

本协议一式____份，具有同等法律效力，委托人____份，受托人____份。

本协议自双方签订之日起生效。

委托人（签章）：

受托人（签章）：

承办人（签章）：

协办人（签章）：

签订地点：

签订日期：二〇　　年　　月　　日

附　注　栏

变更日期	变更事项	双方签字确认

附件

房屋需求信息

用途：________________________________。

区位：________市________区________附近________米内的范围。

价位：单价【人民币】【　　】________元/平方米至________元/平方米，总价【人民币】【　　】________元至________元。

户型：________室________厅________卫________厨或______________。

面积：【建筑面积】【使用面积】【　　】________平方米至________平方米。

新旧：【房屋建成年份】【新旧程度】【　　】：__________________。

其他要求：____。

委托人和受托人对上述信息签字确认：

委托人：

受托人：

承办人：

协办人：

签订地点：

签订日期：二〇　　年　　月　　日

(4)房屋承租经纪服务合同

房屋承租经纪服务合同是指承租人委托房地产经纪机构代为寻找及租赁相关物业而与房地产经纪机构签订的经纪服务合同。以下为中国房地产估价师与房地产经纪人学会推荐文本。

【范本】

合同编号:____________________

房屋承租委托协议

委托人:__________________________________(系房屋承租人)

【本人】【法定代表人】姓名:__________国籍:_______

【身份证号】【护照号】【营业执照注册号】【　　】____________________

住所:____

邮政编码:_______________联系电话:_____________________

受托人:__________________________________(系房地产经纪机构)

法定代表人:____

营业执照注册号:____

房地产管理部门备案号:____

住所:____

邮政编码:_______________联系电话:_____________________

根据《中华人民共和国合同法》《中华人民共和国城市房地产管理法》及其他法律法规,委托人和受托人本着平等、自愿、公平、诚实信用的原则,经协商一致,达成如下协议。

第一条　委托事项

委托人为租赁《房屋需求信息》(见本协议附件)所要求的房屋(以下简称意愿租赁房屋),委托受托人提供本协议第三条约定的服务。

【受托人指派】【委托人选定】注册在受托人名下的下列房地产经纪人为本协议委托事项的承办人,执行委托事项:

承办人姓名:_______性别:_______身份证件号码:_____________________

房地产经纪人注册号:__________________________

承办人选派注册在受托人名下的下列房地产经纪人协理为本协议委托事项的协办人,协助承办人执行委托事项:

协办人姓名:_______性别:_______身份证件号码:_____________________

第二条　房屋需求信息

签订本协议时,受托人应凭借自己的专业知识和经验,向委托人详细询问其意愿租赁房屋的用途、区位、租金水平、户型、面积、建成年份或新旧程度等要求;委托人应对其租赁意愿表示的真实性承担法律责任。

受托人应根据委托人的租赁意愿，与委托人共同如实填写《房屋需求信息》。

《房屋需求信息》为本协议的重要组成部分。

第三条　服务内容

委托人委托受托人提供下列第________项服务（可多选）：

（一）提供与意愿租赁房屋租赁相关的法律法规、政策、市场行情咨询。

（二）寻找意愿租赁房屋及其出租人。

（三）对符合委托人租赁《房屋需求信息》要求且得到委托人基本认可的房屋进行产权调查和实地查验。

（四）协助委托人与出租人达成房屋租赁合同。

（五）为委托人代办税费缴纳事务。

（六）代理交接房屋、附属设施及家具设备等。

（七）代办各种收费设施的交接手续。

（八）其他（请注明）____。

受托人为完成委托代办事项而向委托人收取证件、文件、资料时，应向委托人开具规范的收件清单，并妥善保管；完成委托代办事项后，应及时将上述证件、文件、资料退还委托人。

第四条　委托期限与方式

（一）委托期限按照下列第____种方式确定（只可选一项）：

1. 自____年____月____日起，至____年____月____日止。期限届满，本协议自行终止。

2. 自本协议签订之日起，至委托人与出租人签订房屋租赁合同之日止。

3. 其他（请注明）____。

（二）委托人【承诺】【不承诺】在委托期限内本协议约定的委托事项为独家委托。

第五条　委托承租价格

委托人要求委托承租的房屋【月】【季】【年】【　　】租金不高于【人民币】【　　】大写____________元（小写________元）。委托人支付的租金应与出租人得到的租金相同。

第六条　服务费用支付

（一）佣金

在本协议第四条约定的期限内委托人与出租人达成房屋租赁合同的，委托人应向受托人支付佣金。

1. 佣金的支付标准及金额按照下列第____种方式确定（只可选一项）：

（1）按房屋租赁合同中载明的【月】【季】【年】【　　】租金的大写百分之______（小写____%）计付佣金。

（2）按固定金额【人民币】【　　】大写________元（小写________元）支付佣金。

(3)其他(请注明)____。

2.佣金的支付时间按照下列第____种方式确定(只可选一项):

(1)自房屋租赁合同签订之日起________日内支付。

(2)其他(请注明)____。

3.在本协议第四条约定的期限内未能达成房屋租赁合同的,对受托人为完成委托事项已支出的必要费用,按照下列第____种方式处理(下列选项只有一项有效,填写两项或两项以上者,按照有利于委托人的选项执行):

(1)由受托人承担。

(2)以【人民币】【　　】大写________元(小写____元)为限,自委托期限届满之日起________日内支付。

(3)按上列约定佣金支付标准的大写百分之________(小写____%)计算,自委托期限届满之日起________日内支付。

(4)由委托人和受托人根据受托人完成的工作量另行议定。

(5)其他(请注明)____。

4.受托人收取佣金后,应向委托人开具正式发票。

(二)代办事项服务费

受托人完成本协议第三条约定的代办事项的,委托人应按照下列第____种方式向受托人支付服务费(下列选项只有一项有效,填写两项或两项以上者,按照有利于委托人的选项执行):

1.由受托人承担。

2.按受托人经营场所明示的收费标准,自委托事项完成之日起________日内或__________支付。

3.按受托人经营场所明示的收费标准的大写百分之________(小写____%),自委托事项完成之日起________日内或________支付。

4.按固定金额【人民币】【　　】大写________元(小写________元),自委托事项完成之日起________日内或____________支付。

5.其他(请注明)____。

受托人收取代办服务费后,应向委托人开具正式发票。

(三)代缴税费

受托人在完成委托事项中,代委托人向第三方缴纳的税费,按照下列第____种方式处理(下列选项只有一项有效,填写两项或两项以上者,按照有利于委托人的选项执行):

1.委托人按委托人和受托人认同的估算金额预付给受托人,待约定的代缴税费事项完成、委托期限届满或者本协议终止(以先者为准)时,受托人凭缴纳税费收据与委托人结算,如有差额多退少补。

2.由受托人提供收费标准与金额,委托人按代办进程将应缴税费付给受托人,委托其代为向第三方缴纳。

3. 其他（请注明）____。

第七条　交易过错责任承担

委托人因与本项委托直接关联的交易与出租人发生房屋租赁权纠纷且委托人属过错方的，除受托人能证明属于委托人过错、应由委托人承担责任的外，受托人作为专业机构应承担过错责任，对委托人应承担的民事责任承担连带责任。

受托人不得在本协议以外的补充约定中，设立明示或者暗示与本条款相冲突的免除受托人责任的条款。

第八条　违约责任

（一）委托人违约责任

1. 委托人故意提供虚假的房屋需求信息的，受托人有权单方解除本协议，给受托人造成损失的，委托人应依法承担赔偿责任。

2. 委托人泄露由受托人提供的出租人资料，给受托人、出租人造成损失的，委托人应依法承担赔偿责任。

3. 委托人在委托期限内自行与第三人达成交易的，应按照本协议约定的标准向受托人支付佣金。但委托人在本协议第四条第二款中不承诺为独家委托，并能证明该项交易与受托人的服务没有直接因果关系的除外。

（二）受托人违约责任

1. 受托人违背执业保密义务，不当泄露委托人商业秘密或个人隐私，给委托人造成损害的，应按照____________标准支付违约金，约定违约金不足以弥补委托人损失的，委托人有权要求补充赔偿。

2. 受托人有隐瞒、虚构信息或恶意串通等影响委托人利益的行为，委托人除有权解除本协议、要求退还已支付的相关款项外，受托人还应按照____________标准，向委托人支付违约金。

3. 在委托代办事项中，受托人因工作疏漏，遗失委托人的证件、文件、资料、发票等，应给予相应经济补偿。

（三）委托人与受托人之间有付款义务而延迟履行的，应按照迟延天数乘以应付款项的大写百分之________（小写____%）计算迟延付款违约金支付给对方，但不超过应付款总额。

第九条　协议变更与解除

（一）协议变更

在本协议履行期间，任何一方要求变更本协议条款，应书面通知对方。经双方协商一致，可达成补充协议。补充协议为本协议的组成部分，与本协议具有同等效力。

如经双方协商一致，无需签订补充协议的，应将变更事项简记于本协议的附注栏内。

（二）协议解除

1. 委托人有确凿证据证明受托人有与其执业身份不相称的行为且将影响委托人利益的，可于委托期限届满前，书面通知受托人解除本协议，受托人应在收到通知之日起____日内将预收的费用退还委托人。

2. 受托人有确凿证据证明委托人隐瞒重要事实且足以影响交易安全的，可于委托期限届满前，书面通知委托人解除本协议，已收费用不予退还，并可依法追偿约定的或已发生的费用。

第十条　争议处理

因履行本协议发生争议，由争议双方协商解决，协商不成的，双方【同意】【不同意】由标的房屋所在地的房地产经纪行业组织调解。

调解不成或者不同意调解的，按照下列第____种方式解决：

1. 提交____________仲裁委员会仲裁。

2. 依法向人民法院起诉。

第十一条　协议生效

本协议一式____份，具有同等法律效力，委托人____份，受托人____份。

本协议自双方签订之日起生效。

委托人（签章）：　　　　　　　　受托人（签章）：

承办人（签章）：

协办人（签章）：

签订地点：

签订日期：二〇　　年　　月　　日

附　注　栏

变更日期	变更事项	双方签字确认

附件

房屋需求信息

<table>
<tr><td>
用途:____
区位:______市______区______附近______米内的范围。
租金:【月】【季】【年】【　　】租金【人民币】【　　】______元至______元,单位【月】【季】【年】【　　】租金【人民币】【　　】______元/平方米至______元/平方米。
户型:______室______厅______卫______厨或______。
面积:【建筑面积】【使用面积】【　　】______平方米至______平方米。
新旧:【房屋建成年份】【新旧程度】【　　】:________________。
其他要求:____。
</td></tr>
<tr><td>
委托人和受托人对上述信息签字确认:
委托人:　　　　　　　　　　受托人:
承办人:
协办人:

签订地点:
签订日期:二〇　　年　　月　　日
</td></tr>
</table>

第二节　签订房地产经纪服务合同的准备工作

合同的签订,意味着与合同对方当事人之间民事权利义务关系的成立。签订的后果,既有可能是通过合同的履行获得理想的获利结果,也有可能事与愿违、遭遇经济上的重大损失。因此,我们要做好签订房地产经纪服务合同的准备工作,以明确为什么签订合同及承诺的合同义务是否能实际履行等。

签订房地产经纪服务合同的准备工作主要包括报告、核实、洽谈等。

一、如实报告

居间人应当就有关订立合同的事项向委托人如实报告。居间人故意隐瞒与订立合同有关的重要事实或者提供虚假情况,损害委托人利益的,不得要求支付报酬并应当承担损害赔偿责任。

居间人的报告义务是居间人在居间合同中承担的主要义务,居间人应依诚实信用原则履行此项义务。房地产经纪人员签订房地产经纪服务合同前,应当向委托人说明房地产经纪服务合同的相关内容,并书面告知下列事项:

①是否与委托房屋有利害关系；

②应当由委托人协助的事宜、提供的资料；

③委托房屋的市场参考价格；

④房屋交易的一般程序及可能存在的风险；

⑤房屋交易涉及的税费；

⑥经纪服务的内容及完成标准；

⑦经纪服务收费标准和支付时间；

⑧其他需要告知的事项。

房地产经纪机构根据交易当事人需要提供房地产经纪服务以外的其他服务的，应当事先经当事人书面同意并告知服务内容及收费标准。书面告知材料应当经委托人签名（盖章）确认。

房地产经纪机构和人员在执行代理业务时，在合法、诚信的前提下，应当维护委托人的权益；在执行居间业务时，应当公平正直，不偏袒交易双方中任何一方。

二、核实身份及权属资料

合同主体包括自然人、法人及其他组织。签订合同前，都要首先核实对方的身份。身份是决定合同主体行使民事权利，履行合同义务的前提。就自然人而言，可以从以下几个方面（包括但不限于）进行重点判断：第一，是否具备完全民事行为能力；第二，是否是房地产权利人或其授权的代理人；第三，是否具备履约能力。

房地产经纪机构与委托人签订房屋出售、出租经纪服务合同，应当查看委托出售、出租的房屋及房屋权属证书，委托人的身份证明等有关资料，并应当编制房屋状况说明书。经委托人书面同意后，方可对外发布相应的房源信息。房地产经纪人员在办理受托出售、出租业务时，应核实房地产权的合法性，避免因为产权问题而出现纠纷，造成一定的经济损失，甚至是损害房地产经纪机构的声誉。核实房地产权最直接的方式是到相关的房地产登记部门进行档案查询。

房地产经纪机构与委托人签订房屋承购、承租经纪服务合同，应当查看委托人身份证明等有关资料。委托人未提供规定资料或者提供资料与实际不符的，房地产经纪机构应当拒绝接受委托。

综上所述，房地产经纪人员必须在签订房地产经纪服务合同之前，查看相关的证件，保障相关当事人的合法权益，也保障房地产经纪人员自身的合法权益。

三、经纪服务合同洽淡

当委托人有委托意向时，房地产经纪人员应该充分了解委托方的意图与要求，衡量自身接受委托、完成任务的能力以后，就委托方式、服务项目、服务内容、委托期限、佣金标准、支付时间、支付方式以及委托合同文本等关键事项进行协商洽谈，最后双方对委托达成共识。

第三节　房地产经纪服务合同的签订

一、签订房地产经纪服务合同

当事人订立合同应当具有相应的民事权利能力和民事行为能力。当事人依法可以委托代理人订立合同。限制民事行为能力人订立的合同，经法定代理人追认后，该合同有效；但纯获利益的合同或者与其年龄、智力、精神健康状况相适应而订立的合同，不必经法定代理人追认。

房地产经纪服务合同的具体形式，应根据业务类型予以确定。

二、签订房地产经纪服务合同的常见错误

在签订房地产经纪服务合同时，房地产经纪人员应注意以下几点，以避免出现相应的合同纠纷。

1. 合同主体不适格

在签订房地产经纪服务合同时，房地产经纪人常见的错误就是合同签订的主体不适格，主要包括两个方面。

(1)合同主体不具备完全民事行为能力

合同签约方为自然人时，法律要求其必须是完全民事行为能力人。根据《民法通则》第十一条的规定："十八周岁以上的公民是成年人，具有完全民事行为能力，可以独立进行民事活动，是完全民事行为能力人。十六周岁以上不满十八周岁的公民，以自己的劳动收入为主要生活来源的，视为完全民事行为能力人。"因此，在与自然人签订合同时应当确认其具有完全民事行为能力。

(2)委托方不具备合同主体资格

签约对方为企业时，应当首先审查其合同主体资格能力。合同资格能力是法律授予合同主体签订合同的资格。在签订合同时，应当审查其是否具备签订合同的主体资格，如企业各部/科/处/室等不具备主体资格，是不能签约的，如果签订了这样的合同可能会因为主体不适格而被认定无效；而企业的分支机构，如分厂、分公司、办事处等，则应看其是否具有对外开展业务的资格(是否有授权)、是否有非法人营业执照，若取得授权或非企业法人营业执照则有签订合同的资格。

2. 处置房屋的当事人无处置权

委托出售或出租房屋的合同主体，必须取得处置权。如果房地产权证上只有签

约当事人的名字，那么当事人具备完全房屋处置权；但如果房地产权证上除当事人外，有其他共有产权人的名字，则必须是当事人与共有产权人共为合同主体。

3. 标的房屋被限制或禁止交易

房地产经纪人员因为在查看证件时不仔细、不认真，没有核实到房屋不可出售的情况，例如：房屋已被冻结，却仍然与客户签订房地产经纪服务合同的情况。如果发生此类情况，很有可能产生合同纠纷。

4. 委托合同内容违法

房地产经纪人员接受委托方委托时，应该注意委托内容是否符合法律规范，包括委托事项及合同内容等。

5. 合同用语不规范、要件不完整

合同内容在用语上如果不严谨、不准确，就容易发生歧义和误解，导致合同难以履行或引起争议。如“还欠款 40 000 元”就有两个意思，一个是还了欠款 40 000 元，一个是还欠对方 40 000 元的钱没有还上。由于语言在不同语境中的含义不同，再结合不同地域的不同文化，仍然可能存在歧义，在合同条文中要加入合同解释的条款，以避免发生风险。

签订房地产经纪服务合同时，房地产经纪人员有权利向委托人索取相关的资料文件。有的房地产经纪人员为了尽快拿到委托，在委托人没有提供完整的资料之前，就急于和委托人签订合同，并约定事后由委托人补齐资料，这样的情况在房地产经纪行业里是屡见不鲜的。如果事后委托人并未向房地产经纪人员提供欠缺材料，房地产经纪人员很有可能没有办法核实相关的信息，进而造成合同纠纷情况的出现。在签订居间合同时，房地产经纪人员一定要坚守职业操守，按正规流程从事房地产经纪业务。

6. 没有约定争议解决方式或约定不明确

签订房地产经纪服务合同时，应注意防范风险于未然，除了做好房地产经纪人员本职工作以外，也应知道合同可能发生的风险。争议解决的方式包括仲裁和诉讼等，但很多合同却没有约定，不利于合同纠纷的处理。所以，房地产经纪人员在签订合同时，应该同委托人约定争议的解决方式。

7. 支付结算约定不明确

合同当事人应该明确具体的结算方式，防止因结算方式不明确而发生纠纷。合同当事人应当认识到尽管价款、报酬的支付方式有很多种，但选取不同的方式对当事人的影响和风险的大小是不一样的。比如支付方式由当事人约定，可以采取一次总算、一次总付或者一次总算、分期支付，也可以采取提成支付。如果约定不明，那么在价款支付时就会发生纠纷。

价款或报酬的结算方式有托收承付、支票支付、现金支付、信用证支付、按月结算、预支（多退少补）、存单、实物补偿等。如果约定不明，同样会导致双方纠纷的产生。

8. 合同签署有瑕疵

在签订房地产经纪服务合同时,最后的落款十分重要,因为在落款时,合同主体有可能出现代签、合同主体人落别名、盖章不规范、多页合同没有骑缝章等情况。此类合同一律不具备法律效力或效力待定,房地产经纪人员很有可能因上述错误而枉费工作,所以在签订时,房地产经纪人员应该核实签名及盖章情况。

房地产经纪机构签订的房地产经纪服务合同,应当加盖房地产经纪机构印章,并由从事该业务的一名房地产经纪人或者两名房地产经纪人协理签名。对违反者,由县级以上地方人民政府建设(房地产)主管部门责令限期改正,记入信用档案;对房地产经纪人员处以 1 万元罚款;对房地产经纪机构处以 1 万元以上 3 万元以下罚款。

三、房地产经纪业务纠纷的类型与预防

1. 房地产经纪业务纠纷的主要类型

①房地产交易行为与房地产经纪行为混淆造成的合同纠纷;
②居间行为与代理行为混淆造成的纠纷;
③经纪合同的权利不对等造成的纠纷;
④经纪合同的主要条款欠缺造成的纠纷;
⑤服务标准与收取佣金标准差异造成的纠纷;
⑥缔约过失造成的纠纷;
⑦经纪合同当事人的观念和法律意识不足造成的合同纠纷;
⑧其他。

2. 房地产经纪业务纠纷的预防与处置

①制订示范合同文本;
②制订服务标准,明确服务要求和内容;
③告知必要的经纪活动事项,利于委托人监督;
④加强对房地产经纪企业格式合同的监督管理;
⑤对已出现的纠纷,应及时协商或通过法律途径解决。

第四节　房地产广告发布

一、房地产广告概述

房地产广告,是指房地产开发企业、房地产权利人、房地产中介服务机构发布的房地产项目预售、预租、出售、出租、项目转让以及其他房地产项目介绍的广告。

根据国家工商行政管理局颁布的《房地产广告发布暂行规定(修改)》(国家工商行政管理局令第71号,1998年12月3日国家工商行政管理局令第86号修改)的规定,房地产经纪机构发布房地产广告或者业务招揽广告还应遵守下列规定:

①房地产广告中对价格有表示,应当清楚表示为实际的销售价格,明示价格的有效期限。

②房地产广告中涉及所有权或使用权的,所有或者使用的基本单位应当是有实际意义的完整的生产、生活空间。

③房地产广告中不得包含有风水、占卜等封建迷信内容,对项目情况进行的说明、渲染,不得有悖社会良好风尚。

④房地产中表现项目位置,应以从该项目到达某一具体参照物的现有交通干道的实际距离表示,不得以所需时间来表示距离。

⑤房地产广告中的项目位置示意图,应当准确、清楚,比例恰当。

⑥房地产广告中涉及的交通、商业、文化教育设施及其他市政条件等,如在规划或者建设中,应当在广告中注明。

⑦房地产广告中涉及面积的,应当表明是建筑面积或者使用面积。

⑧房地产广告中涉及内部结构、装修装饰的,应当真实、准确。预售、预租商品房广告,不得涉及装修装饰内容。

⑨房地产广告中不得利用其他项目的形象、环境作为本项目的效果。

⑩房地产广告中使用建筑设计效果图或者模型照片的,应当在广告中注明。

⑪房地产广告中不得出现融资或者变相融资的内容,不得含有升值或者投资回报的承诺。

⑫房地产广告中涉及贷款服务的应当载明提供贷款的银行名称及贷款额度、年期。

⑬房地产广告中不得含有广告主能够为入住者办理户口、就业、升学等事项的承诺。

凡有下列情况的房地产,不得发布广告:

①在未经依法取得国有土地使用权的土地上开发建设的;

②在未经国家征用的集体所有的土地上建设的;

③司法机关和行政机关依法规定、决定查封或者以其他形式限制房地产权利的;

④预售房地产,但未取得该项目预售许可证的;

⑤权属有争议的;

⑥违反国家有关规定建设的;

⑦不符合工程质量标准,经验收不合格的;

⑧法律、行政法规规定禁止的其他情形。

二、受托发布信息

房地产广告能有效缩短交易时间、降低交易成本、优化资源配置。房地产经纪人员在接受业务委托，签订委托合同以后，需要将业务信息即房源信息（标的物业信息）、客源信息（求租求购广告）进行传播推广、广而告之。房地产经纪人员在业务信息传播时，应该注意以下两点：

①委托信息需要经委托人书面同意。房地产经纪人员发布业务信息，需要经过委托人书面同意，方能行使广告发布的权利。

②委托信息必须真实有效。为保证相关人员的合法权益，维护客户在做出购买决定之前享有的知情权，房地产经纪机构、房地产经纪人员通过各种形式（包括报刊广告、门店贴纸广告、互联网广告等）发布的信息应当与事实相符，不得发布虚假信息、未经核实的信息。

三、信息发布的渠道

在现代房地产经纪操作过程中，房地产经纪人员更加注意对房源信息的发布，利用信息吸引潜在客户。信息发布的渠道主要包括：

①公司挂牌。房地产经纪机构挂牌交易，通常是在机构交易信息栏或官方网站上公布，便于客户询问选择。

②报纸广告。由于报纸信息传递迅速，涉及面广，报纸广告是房地产经纪机构常用的推广方式。刊登的形式一般都采取多个交易楼盘集中于一个小版面发布，个别大宗交易也有采取单独刊登交易信息的形式，择期发布房地产交易广告。

③电视、广播广告。由于中、小城市地方电视台在黄金时段之外的广告费用不高，通常也被选为房地产交易信息发布的渠道，但其效果不及报纸。

④网络广告。网络越来越深入各个层面的人群中，且网上广告费用低、传播快、浏览的人多，故有不少房地产经纪机构和“网络经纪人”都在互联网上发布信息。

⑤专线联网。公司内部、连锁店或同行公司专线联网，共享房地产交易信息。在市场比较成熟的地区（如美国）逐渐采用此种方式发布信息，成功率较高，也节省广告费。

⑥派发资料。在房地产市场竞争不大的地区，或者对某些针对性较强的房地产交易信息，也有采用寄发、派发、投放等方式来发布房地产交易信息。但如果此类信息过多过滥，会引起信息接收者的反感，因此，以此种形式发布信息时，应视具体情况适度而行，不宜随意采用。

⑦路牌栏目广告。在某些街边、路口放置路牌广告，在大厦或住宅小区出入口的宣传栏上张贴广告，吸引过路者观看，是一种比较好的方式。虽然信息传播面窄，但

目标性强,对于过路者吸引力较强。只要不违反规定,此种方式也较有效。

⑧口碑广告。有些房地产经纪人员比较善于利用各种人际关系,包括客户的关系。通过各种关系网传递的房地产交易信息,虽然宣传面有限,但由于熟人口碑的可信度高,如果信息被有意向的客户接收,则成功的机会也较高。

⑨展会或展板广告。在与房地产有关的展示交易会、在大厦或住宅小区公告栏内发布信息来吸引客户。

⑩其他广告。如在住宅小区出入口醒目位置张贴公司品牌宣传牌及分行电话、做汽车车身广告、社区咨询、开办社区业主与中介交流会等。

四、网络发布信息的渠道和技巧

1. 房地产经纪人员信息发布的主要渠道

①个人主页。个人主页是根据自己的兴趣爱好或价值取向,为了展示自我、与人交流为目的而在网络上创建的供其他人浏览的网站。

②个人博客。博客,就是以网络作为载体,简易迅速便捷地发布自己的心得,及时有效轻松地与他人进行交流,再集丰富多彩的个性化展示于一体的综合性平台。房地产经纪人员亦可通过私人博客,与博友们交流房地产的相关信息。

③房产网站、网店。房产网站、网店是房地产经纪人员主要的信息发布渠道,大部分的信息都来源于此。

④即时通讯工具。主要是将信息通过即时通讯工具的手段进行网络发布。

⑤活跃的 BBS 房产论坛和社区。需求客户会经常浏览活跃的 BBS 房产论坛和社区。

⑥各分类垂直网站。垂直门户是专注于某一领域(或地域),如 IT、娱乐、体育,力求成为关心某一领域(或地域)内容的人上网的第一站,在此类网站上发布房源信息亦有意想不到的效果。

⑦电子邮件营销。将房源信息,以电子邮件的形式发送到目标客户群的手里。

2. 房产网站端口发布的技巧

房产网站端口成千上万,如何在众多房地产经纪人员的房产网站端口发布的信息中脱颖而出,房地产经纪人员应该思考以下几个问题:“用户怎么才能找到我的信息?用户为什么选择我的信息?用户为什么跟我联系?用户会怎样跟我联系?”

在互联网上发布信息的主要要素:标题、价格、面积、户型图、室内外景图、发布量及刷新时间。房地产经纪人员在发布信息时,应该注意相关技巧:

①信息标题:网民第一印象。在撰写信息标题时,应注意言简意骇,文字不应过多,但应该提炼出信息优势,可以利用一切新颖的字眼进行包装,让互联网用户有点击的欲望。注意图文结合,将完美的第一印象呈现在用户面前。比如:

a. 房地产经纪人员根据对该信息的了解,撰写出该房源信息的核心优势、最大卖点以及特色,吸引互联网用户点击。

b. 多采用数据分析,数据分析更容易吸引人注意。

②打价格牌,突出性价比优势,吸引理性的互联网用户。

③面积:除了发布建筑面积以外,可以将套内面积一并公布。

④信息描述:是否真实有效,能否吸引客户。信息描述的撰写原则如下:

a. 要有条理性,即让互联网用户看起来更直观有序,又体现房地产经纪人员的专业;

b. 专业度,给互联网用户提建议,帮助访客做更明智的选择;

c. 要有服务意识,站在互联网用户的角度考虑问题,把用户关心的问题回答给他们;

d. 注意细节,字体清晰、字号大小有别,利用字体表现出内容详略得当,侧重分明;

e. 突出自己及公司的优势,让互联网用户信赖,让客户放心。

⑤户型图:让客户对房源整体布局有清晰的认识。

⑥室内外景图:清晰可见、独具特色,让客户能直观地了解信息状况,方便客户直观地了解。

第三章
房屋实地查看

【本章导读】

房屋实地查看是房地产居间交易的关键环节，是体现房地产经纪人员专业服务，建立客户信任的重要方式。本章主要介绍了房屋查看过程中涉及前期准备、编制房屋状况说明书和带客户看房三个阶段的操作实务。通过本章学习，可以掌握房屋实地查看的基本技能，有利于提高带看工作效率。

因为房地产商品的独一无二性和不可移动性，在房地产经纪活动中实地查看房屋尤为重要。房屋实地查看分为房地产经纪人员实地查勘房屋及房地产经纪人员带领客户实地查看房屋两个环节。房地产经纪人员实地查勘房屋，有利于向业主或委托人展现专业素养和良好的工作态度，是房地产经纪人员了解房源区位状况、实物状况、物业服务状况的重要方式，是房地产经纪人员核实房源信息的重要手段。房地产经纪人员带领客户实地查看房屋，是同客户建立情感的重要步骤，也是促成买卖双方交易的关键环节。

第一节　实地查看的前期准备工作

房屋实地查看的前期准备工作要求房地产经纪人员充分理解实地查看的目的、意义和重要性，并对委托房屋进行实地查勘，了解房屋的区位状况、实物状况和物业服务状况等相关情况，并为编制房屋状况说明书，规划带客户看房时间、看房路线，介绍重点作好准备。

一、实地查勘的目的和意义

房地产经纪人员在带领客户实地看房之前，需要再次对委托房屋进行查勘，一是核实委托人所提供的房屋资料是否与实际情况一致；二是熟悉委托房屋周边环境并规划带看线路；三是深入了解委托人的真实想法，争取客户信任。

实地查勘是房地产经纪人员做好房地产经纪业务不可省略的工作步骤。任何房地产经纪业务，房地产经纪人员都必须对委托房屋进行实地查勘。对房屋进行实地查勘，有利于房地产经纪人员确认房屋真实存在，亲身感受房屋的区位状况、实物状况和服务管理状况，获取文字、图纸、照片等资料难以反映的细节。

二、实地查勘的工作内容

（一）核实业主提供的资料与实际情况是否一致

房地产经纪人员进行房屋实地查勘，首先要核实业主提供的资料与实际情况是否一致。眼见为实，耳听为虚。业主委托房源的时候，有可能对其标的物业的信息叙述并不完整，房地产经纪人员应该在实地查勘的过程当中，记录好需要的信息，以便及时更新。核实工作的重点包括：

1. 核实房屋坐落

“买错房”的情形在房地产经纪业务活动中时有发生，究其原因就在于房地产经纪人员查勘房屋过程中没有认真仔细核对房屋坐落。特别是有多套相临房屋待售，又暂未悬挂门牌号码的新房。房地产经纪人员应当通过核查委托人购房合同、房地产权证及向物业管理公司咨询等方式核实房屋坐落。

2. 核实房屋结构

房地产经纪人员在查勘房屋时，应当向委托人详细了解装修过程中涉及的房屋结构变更，特别是有改动承重结构、给排水管道、烟道和违章搭建的情形，并做好记录。同时要对房屋的朝向、采光、视野、层高、户型结构、功能区面积等情况做具体的了解。

3. 核实房屋权属

房地产经纪人员在查勘房屋时，需要通过向委托人询问和查看房屋权属证书，了解房屋权利人与委托人是否一致，委托人与权利人的关系，委托人是否有权处置该房屋。认真记录坐落、土地使用权类型、房屋结构、土地用途、楼层、房屋建筑面积、套内建筑面积、土地使用权终止日期等相关信息，特别是涉及处置权利、坐落地址、土地用途、房屋用途、房屋面积等影响权属转移和交易、使用成本的重要信息。

4. 核实房屋费用

这里的“房屋费用”，主要是指房屋在交易和使用过程中需要产生的税费和水、电、气、物业服务等费用标准。房地产经纪人员应当结合房屋权属登记内容和相关部门咨询情况，做好记录。

(二)熟悉房屋周边环境并规划带看线路

房地产经纪人员进行房屋实地查勘，还需要进一步了解该房屋所在区域周边的环境状况、生活配套及居住小区内的配套设施情况。房地产经纪人员对房屋周边环境和相关配套越熟悉，在以后带领客户看房的过程中，路线规划就会越精细，房屋介绍便会越得体。

1. 环境与生活配套

房地产经纪人员应当在掌握房屋所在区域功能定位、规划设计、自然环境、人文环境基础上，重点了解客户关心的道路交通和生活配套情况，如轨道交通、公交车站、幼儿园、中小学校、医院、超市、银行、公园等。

2. 物业服务与小区配套

居住小区内能享受到的物业服务和相关配套设施，也是客户关心的重要部分，房地产经纪人员应当通过咨询物业管理公司、询问小区居民及亲自观察等方式进行了解。如小区卫生环境、安防巡查、活动开展、便民服务等服务内容和停车库、停车位、会所、运动场、游泳池等服务设施使用的具体情况。

3. 规划带看线路

标的房屋的环境与配套，对客户的购买决策至关重要。房地产经纪人员为了提高带看效率，会在房屋查勘过程中认真制订带看线路，以便于在带领客户看房时逐一介绍该房屋周边环境及其配套设施。总体上讲，带看线路规划包括：乘车抵达规划、见面地点规划、进入线路规划三个环节。在乘车抵达规划中，房地产经纪人员应当提供给客户两种以上的抵达方式选择，并推荐最优线路。如乘坐轨道交通方式、乘坐公交汽车方式或自驾车方式，最优线路推荐则以通行时间最少(要考虑交通拥堵情形)、路面维护最好、途经生活配套最多排序。在见面地点规划中，房地产经纪人员应当优先选择到站后步行时间最短、附近标志物明显、环境卫生良好、24 小时有人值守的小区大门或其附近。在进入线路规划中，房地产经纪人员应当优先选择小区道路整洁、所经设施最多的线路，并注意将步行时间控制在 15 分钟以内，绕开小区公告栏为宜。

(三)深入了解委托人

带领客户查看房屋前的现场查勘工作离不开与委托人的直接沟通，一方面房地产经纪人员需要进一步核实房屋基本情况；另一方面，需要进一步了解委托人的真实需求，从而为该房屋交易打下良好的基础。有经验的房地产经纪人员甚至会以市场一般消费者的购房心态向委托人了解其真实想法。

1. 了解价格预期

每一个委托人都会基于其自身资金需求、房屋取得成本和对当前房地产市场价格预期等诸多因素形成拟交易房屋的预期价格。房地产经纪人员在与委托人的沟通交流中,应着力了解委托人的真实价格预期。同时,房地产经纪人员也应当明白,委托人的预期价格在签约前会随上述条件的变化而改变。有经验的房地产经纪人员会应用市场分析、成交案例、试探出价等方法引导委托人形成趋向于市场成交价格的预期价格,以帮助其尽快成交。

2. 了解诚信预期

交易各方当事人在经济交往中遵循诚实守信原则,有利于降低交易成本,提高交易效率。委托人的诚信预期既包括对房地产经纪人员诚信服务的预期,也包括委托人遵循诚信原则的预期。房地产经纪人员应当通过认真专业的工作态度、热情周到的服务沟通,展现自身专业形象,建立与委托人的信任关系。特别是委托人仍在交易房屋居住并已通过物管、张贴栏等方式发布交易信息的情形,房地产经纪人员只有在取得委托人理解和信任的基础上,才能够顺利开展经纪活动。

3. 了解看房方式

在房屋委托交易期间,房地产经纪人员可能会带不同客户实地看房。在委托人未在该房屋居住的情况下,如何选择看房方式,需要房地产经纪人员向委托人询问、了解。一般情况下,有三种可选看房方式:一是由委托人自行开门看房;二是委托人委托物业公司代管房门钥匙,由房地产经纪人员领取后带客户看房;三是委托人委托房地产经纪机构代管房门钥匙,由房地产经纪人员直接带客户看房。

4. 了解付款方式

委托人对资金需求时间的不同,会对付款方式有不同的要求,从而对潜在客户群产生影响。通常,客户选择全款支付所需时间最短,选择按揭贷款支付所需时间较长,选择按揭贷款支付时愿意增加其他金融服务的,支付时间会短于按揭支付。但是,从支付的资金成本角度看,三种方式的资金成本会逐一增加,当事人的支付选择意愿也会随之降低。房地产经纪人员需要认真了解委托人的需求,帮助其制订可接受的付款方式。

5. 了解其他要求

委托人在交易过程中可能会有其他要求,房地产经纪人员应当详细了解,以避免交易矛盾和可能发生的纠纷。如委托人仍在房屋居住的,房地产经纪人员应当了解其搬迁时间要求,避免与购房人立即入住的需求产生矛盾;委托人户籍仍附着于房屋的,房地产经纪人员应当询问其迁出时间;仍未缴清房屋大修基金的,房地产经纪人员应当询问委托人在房价款中是否包含该大修基金。

三、实地查看的心理准备

房地产经纪人员在带领客户实地查看前作好心理准备,心情就会比较轻松,态度也会从容不迫,在遭遇不通情达理的客户时,也能从容应对。房地产经纪人员应当充满热情、自知自信,不要神情低迷、畏首畏尾,在解答客户疑难时不卑不亢,这样,才能让客户信任你,达到促进交易的目的。房地产经纪人员实地查看前的心理准备包括:

(一)自知,自信

所谓自知,是指对自己的了解。所谓自信,对于房地产经纪人员来讲,是指在自知基础上形成的一种职业荣誉感、成就感和执业活动中的自信力。房地产经纪人员必须学会与各种不同的人,特别是与专家、学者、企业负责人等知识渊博、阅历丰富的人进行沟通,这就需要房地产经纪人员具有充分的自信心。自信来源于自知,房地产经纪人员如果能充分了解自己工作的社会意义,知道自己可以为客户带来效益,就会对自己的社会地位产生自信心,不至于在客户面前自惭形秽。另一方面,房地产经纪人员自身的专业水平也是自信心的重要保证,不管客户在别的领域有多高的地位,但在房地产交易方面都必须承认房地产经纪人员的专业地位,房地产经纪人员完全可以通过自己专业化的服务来赢得客户尊重,当然,这也要求房地产经纪人员不断地提高自己的专业水平。

(二)乐观,开朗

在人与人的交往中,乐观、开朗的人使人容易接近,因而更受人欢迎。房地产经纪人员如果本身不具备这种性格,就应主动培养自己乐观、开朗的气质。首先,要在心态上调整自己,房地产经纪人员一定要懂得几次业务的失败并不等于这项工作的失败,要对自己所从事的职业保持乐观心态;另外,房地产经纪人员如果能树立与同事、同行积极合作、公平竞争的心态,就不会因竞争而产生消极、悲观的情绪,更不会产生嫉妒、敌视之类的心理,乐观、开朗的气质也就容易形成。其次,要多接触美好的事物,如宜人的风景、优美的艺术品,用这些美好的东西来陶冶自己乐观的气质,同时,应注意在自己的表情、仪容、语言中增加积极、美好的元素,以及"我想我能做成这笔交易""我一定能想出办法解决这个问题"等积极的自我心理暗示。

(三)坚韧,奋进

在房地产经纪工作中会经常遇到挫折,房地产经纪人员不仅要以乐观的心态来面对挫折,还需要以坚韧不拔的精神来化解挫折。要做到这一点,首先要认识到房地产交易的复杂性,其次要树立吃苦耐劳的精神,才能不厌其烦地去化解种种挫折。房地产经纪人员还应具有积极向上的奋进精神。一方面,房地产经纪人员应充分认识到时代、环境在不断地发生变化，很多过去自己熟悉、掌握的知识、技能、信息可能变得过时、陈旧、不能发挥作用，因此要不断地学习新知识、新技术，了解新信息，接受再教育；另一方面，房地产经纪人员在业务上要有不断开拓的意识和勇气，市场需求瞬息万变，房地产经纪人员切不可固步自封，只局限于自己所熟悉的领域，要不断地开拓新市场，建立新的客户群，形成新的业务类型。

四、实地查看的工具准备

俗话说“磨刀不误砍柴功”，用好工具能使房地产经纪人员在实地查看工作中取得事半功倍的效果。房地产经纪人员带领客户实地看房需要准备的工具主要包括客户资料、业务表单和实用工具三大类。

（一）客户资料的准备

客户资料的准备包括委托房屋基本资料和需求客户基本资料。

1. 委托房屋基本资料

①委托人姓名和联系方式。随时与委托人取得联系是房屋查看工作顺利进行的重要保证，否则，房地产经纪人员可能遇到无法进门、无法答复客户咨询，甚至错失交易良机的情形。

②委托房屋坐落。委托房屋坐落地址必须与该房屋房地产权证书记载地址一致，并事先查勘核实，否则，房地产经纪人员可能遇到因交易标的房屋错误而导致纠纷的情形。

③委托房屋面积。委托房屋面积必须与该房屋房地产权证书记载面积一致。虽然在房屋居间交易中通常按成套房屋价格计价，但客户仍会计算建筑面积和套内建筑面积单价，并以此议价。告知客户准确的证载面积，是避免议价结果纠纷的有效手段。

④委托房屋价格。房地产经纪人员需要在带客户查看房屋时准确告知委托房屋价格，该价格是指委托人签订书面委托协议时约定的委托价格。

⑤委托房屋权属状况。房地产经纪人员通过实地查勘，核实了解到委托房屋的权属状况应当向客户说明，特别是涉及土地使用权类型、房屋结构、土地用途、房屋用途等重要权属状况的基本信息。

房屋状况说明书应当包括上述基本资料。

2. 需求客户基本资料

①客户姓名和联系方式。准确、得体的称呼，是房地产经纪人员建立良好客户关系的第一步。房地产经纪人员与客户约定好房屋查看时间后，要准备好客户姓名和联系方式，以方便称呼和联系。

②客户需求。客户对房屋需求的描述通常是模糊的，房地产经纪人员需要通过沟通、交流，从交易目的、功能需求、购买力等多个方面发掘和引导，掌握客户需求的真实内涵，有针对性地带看房屋，才能取得更好实效。

③客户购买力。客户的购买力通常由自有资金、筹资能力和融资能力构成,即俗称的“存款金额、筹借资金、贷款资金”。房地产经纪人员应当对需求客户的购买力做到“心中有数”,方能有效推荐、务实带看。

④客户工作单位。掌握客户所从事的行业、工作单位和工作性质,一方面有利于房地产经纪人员寻找共同话题,了解客户性格特点和消费习惯;另一方面有利于建立相互信任,防范“跳单”风险。

⑤客户家庭成员。房地产经纪人员需要准备的客户家庭成员资料,既包括客户参与交易决策的家庭成员,也包括交易后需要居住使用的家庭成员。前者是影响房屋交易决策的重要参与者,后者是影响房屋功能需求的重要使用者。例如,一家四口给新婚孩子购买住房,参与交易决策的家庭成员是四个人,而交易后需要居住使用的家庭成员只有两个人。另外,房地产经纪人员还应当善于发现在参与交易决策的家庭成员中,谁拥有最大决策权。

(二)业务表单的准备

房地产经纪人员在带领客户查看房屋前,应当准备好以下业务表单:

1. 求购/求租委托协议

在实际工作中,部分客户是通过电话或网络与房地产经纪人员取得联系,约定委托和查看房屋相关事宜,这就使得首次查看房屋前未能签订正式的委托协议,所以房地产经纪人员需要准备好相应的《求购/求租委托协议》(表样见第二章)。

2. 客户书面告知书

根据《房地产经纪管理办法》规定,房地产经纪机构在签订房地产经纪服务合同前,应当向委托人书面告知是否与委托房屋有利害关系等相关事项,所以房地产经纪人员应当准备《客户书面告知书》等相关资料。

客户书面告知书

尊敬的____________(先生/女士):

非常荣幸接受您的委托,为您提供房屋租赁/购买的居间经纪服务,根据国家法规的规定,在签订正式的房地产居间经纪服务合同前,以下信息需要您知晓并签收:

一、作为专业的经纪机构,我方承诺与您有意向租赁/购买物业的业主方不存在任何利害关系。

二、在整个居间经纪服务过程中,我们需要得到您的积极配合,请您及时提供真实有效的身份证明,以及交易过程中政策法规要求您提供的相关资料。以上资料的真实、合法、有效性是整个交易得以顺利完成的前提和基础条件。

三、由于市场行情在不断变化的过程中,房屋的租赁或者出售价格可能会因为房屋的结构、朝向、建设年份、装修情况、配置情况各有差异,以及业主方的具体情况不同而千差万别,所以,最终的成交价格将是您的决策及以上众多因素综合作用的结果。我们在此过程中为您提供的市场信息,仅供您作决策参考之用。

四、房屋租赁的一般程序及可能存在的风险：

（一）房屋租赁的一般程序：

1. 与我方签订《求租/求购委托协议》，提供真实有效的身份证明资料。

2. 我方寻求与您需求相匹配的物业，带领您实地看房。

3. 缴纳订金，签订《订房协议》，保留您钟意的物业。

4. 我方与业主再次确认交易条件，确定签约时间。

5. 我方预约时间，安排您与业主见面，签订《租赁合同》并支付相关费用。

6. 我方协助办理房屋交付和入住手续，交易完成。

（二）交易前，请核实出租房屋的合法性，保证自身利益得到应有保护。

五、房屋购买的一般程序及可能存在的风险：

（一）房屋购买的一般程序：

1. 与我方签订《求租/求购委托协议》，提供真实有效的身份证明资料。

2. 我方寻找与您需求相匹配的物业，带领您实地看房。

3. 缴纳订金，签订《买方承诺书》，保留您钟意的物业。

4. 我方与业主再次确认交易条件，确定签约时间。

5. 我方预约时间，安排您与业主见面，签订《居间合同》（如有贷款需求，还需要完善银行贷款相关手续）并支付相关费用。

6. 我方协助办理房屋交付和过户手续，交易完成。

（二）交易前，请再次核实出售房屋的合法性，保证自身利益得到应有保护。

六、房屋交易涉及的税费：房屋租赁和购买，都涉及缴纳相应税费。交易税费包括交易登记费、产权过户费、契税、个人所得税、营业税等，具体税率和应缴金额，请在交易前了解清楚。

七、经纪服务的内容及完成标准：整个经纪服务过程，我们将竭诚为您提供市场行情咨询、匹配符合需求的物业，全程带看，问题咨询和交易促成，成交环节的全程参与和协调，成交后的过户手续全程协办。房屋交付协助完成后，我方的经纪服务工作结束。

八、经纪服务收费标准和支付时间：我方将在您与业主方签订《租赁合同》或者《居间合同》时收取中介服务费，收费标准是：房屋租赁收取一个月的租金作为中介服务费；房屋转让收取实际成交价格的1.5%作为中介服务费。

九、我们的执业资质、服务标准和收费价格，以及交易过程所需的合同标准格式等，均在门店有公示，供您查阅。过程中，以我方名义送达给您的任何书面资料，均加盖有我方公章或者合同章，请核实。在服务或者交易细节中，我方工作人员如有违规违法行为，给您造成困扰和损失，请您及时投诉和举报，投诉举报电话××××××××。

签收人：

××××××

年　　月　　日

3. 看房协议书

《看房协议书》是房地产经纪人员开展房屋查看工作中的核心表单，是体现房地产经纪服务专业性，防止交易纠纷和保障各方当事人合法权益的重要书证材料。在客户拒绝出示相关身份证明，未签订《看房协议书》的前提下，房地产经纪人员有权放弃带领客户查看房屋。

看房协议书

委托方（以下简称甲方）：　　　　　　　　　　　　身份证号码：

住所：

委托代理人：　　　　　　　　　　　　　　　　　　电话：

受托方（以下简称乙方）：

住所：

电话：

甲方委托乙方为其介绍购买或承租下列或同类型之物业。甲方承诺若甲方（包括甲方的亲属、朋友、代理人及同事）成功地购买或租赁（以签订房屋转让合同或房屋租赁合同为准）所介绍之物业，须支付乙方____%房屋成交价款或____个月租金作为服务报酬。支付时间为甲方与物业业主或其相关人签订房屋转让合同或房屋租赁合同之同时。

甲方承诺甲方（包括甲方的直系亲属、朋友、代理人及同事）不会直接或间接与该物业的业主或其相关人联系进行私下交易或利用乙方提供的信息达成其他交易，不会私下再次委托其他中介代理公司对经由乙方所推介的物业进行租赁/购买的中介委托，否则甲方将向乙方承担违约责任。委托买卖交易的，甲方私下成交或委托其他中介成交的，甲方须向乙方支付成交房价款的2%作为违约金；委托租赁交易的，甲方私下成交或委托其他中介成交的，甲方须向乙方支付1个月成交租金作为违约金。

乙方应主动为甲方提供有关物业的咨询、资料供甲方参考，诚恳、信用、专业地为甲方服务，充分维护甲方利益。（注：根据重庆市公安局规定，如果承租人员是外来人口，甲方须办理暂住证。）

甲乙双方书写的地址即为任何书面通知的送达地址，任何一方地址变更，应及时书面通知对方，否则自行承担送达不到的责任。

如对本协议项下有任何争议，双方应协商解决，如协商不成，向乙方所在地法院提请裁决。

甲方（签章）：　　　　　　　　　　　　　　　　　乙方（签章）：

物业地址(名称)	看房时间	甲方签字
	20　年　月　日	
	20　年　月　日	
	20　年　月　日	
	20　年　月　日	
	20　年　月　日	

4. 买方承诺书

房地产经纪人员应当随时为达成交易作好准备,《买方承诺书》必不可少。

买方承诺书

致重庆市____________________公司(以下简称贵公司):

本人(公司)________________证件号码____________________(以下简称本人)通过贵公司介绍、带看后,经慎重考虑现欲购买位于______________________________房屋(以下简称该房屋),现交人民币:__________(￥______)给贵公司,请贵公司代本人向卖方发出购买要约,促其成交。

一、本人购买该房屋的条件如下:

1. 建筑面积:______平方米(该房屋的面积与地址以房屋登记机关记载的内容为准)。

2. 该房屋的成交总价为人民币:__________(￥______)。

3. 该房屋的过户交易税费按下列第______种方式承担:

1)买方全部承担;

2)卖方全部承担;

3)按国家规定各自承担;

4)其他____。

4. 贵公司按房屋实际成交价____%收取的服务费按下列第____种方式承担:

1)买方全部承担;

2)卖方全部承担;

3)买卖双方各自承担____%;

4)其他____。

此款连同买方支付的权证代办费人民币:______________(￥______)于____________________时一并支付给贵公司。

5)其他____。

二、请贵公司邀约卖方于______年____月____日之前到贵公司与本人或代理人签订贵公司的居间合同。

三、本人承诺,若达到上述交易条件,请贵公司将上述资金转交卖方作为本人的预付购房定金，本人则于________年____月____日之前到贵公司与卖方完善居间合同。若本人以按揭方式购买此房屋，则按贵公司的按揭收费标准支付相关费用。

四、付款方式、过户时间、交房时间以及室内附属设施和物品等由本人与卖方自行约定。

五、本人承诺：本人有下列情形之一者，贵公司所收的上述资金不予退还，而本人亦需支付贵公司人民币：______________（￥________）作为服务费及咨询费：

1. 本人的配偶、亲属、委托人购买该房的。
2. 达到上述第一项所列成交条件，本人放弃购买或逾期到贵公司办理相关手续的。
3. 签订本承诺书后反悔，要求撤回承诺的。
4. 签订本承诺书后未经贵公司允许，私下或通过其他单位与卖方沟通，给贵公司与卖方的协商带来不利影响或私下以及通过其他单位与卖方成交的。
5. 隐瞒个人按揭贷款的重要信息（如征信、首付款、担保等），影响办理按揭贷款的。
6. 将上述房屋的相关信息泄露给其他公司或个人的。

六、本人承诺：若卖方未同意上述第一项的购买条件或因其他原因未达成本次交易，经贵公司确认后的________个工作日内，本人凭贵公司代收收据等额退还人民币：______________（￥________），卖方和贵公司对此不承担责任。

七、本人经慎重考虑，并清楚明白本承诺书所产生的相应后果，自愿作出上述承诺。

此诺！

承诺人：________________________

地址：________________________

时间：________________________

5. 房屋图表

①楼层平面图。主要帮助房地产经纪人员介绍朝向、方位时，能更加直观地将介绍的内容展现在客户面前。

②户型图。让客户对户型有一个整体的认识，帮助房地产经纪人员在介绍各功能区间的面积配比以及介绍房源的户型特点时，能够更加直观地呈现在客户面前。

③客户预算表。房地产经纪人员提前准备一张客户预算表，现场帮助客户实地算出一个价格，以便客户参考，甚至是提供一张已经提前做好的客户预算表。

6. 房屋状况说明书

《房屋状况说明书》是房地产经纪人员在查看房屋时必须携带的重要表单，其具体编制和使用请见本章第二节和第三节相关内容。

（三）实用工具的准备

房地产经纪人员带领客户查看房屋时，需要准备以下工具：

1. 名片

名片是房地产经纪人员开展经纪活动的必备工具，随时准备好充足的名片，保证所有客户、潜在客户和相关人员能通过名片认识你、记住你、想起你、联系你。

2. 移动电话

查看房屋时需要离开办公场所，为方便即时沟通和联系，房地产经纪人员应当随时保证移动电话电力、费用充足并处于正常使用状态。

3. 笔

在查看房屋过程中，相关信息记录、业务表单签订和房屋内临时信息的涂写需要用到签字笔和粉笔。

4. 记录本

"烂笔头胜过好记忆"，房地产经纪人员应当随身携带记录本，以方便工作开展。

5. 宣传资料

查看与房屋相关的销售楼书、正面报导、得奖报导等宣传资料，也是房地产经纪人员应当准备的实用小工具。它们能弥补房地产经纪人员介绍房屋时的不足，帮助客户了解更多房屋相关信息，促进交易达成。

6. 计算器、手电筒、数码相机

计算器能帮助房地产经纪人员计算房屋价格和交易税费金额；手电筒能在昏暗的楼道、无照明房屋和夜间看房时提供光照；数码相机则能为完善房屋信息补充新的图片资料。目前，随着智能手机和平板电脑的普及，越来越多的房地产经纪人员已经开始使用新设备代替传统工具。

7. 纸巾

房地产经纪人员在查看房屋时最好随身携带纸巾，一方面便于擦拭汗，水保持良好形象；另一方面，便于擦拭房屋灰尘，为客户提供方便。

8. 卷尺

在房屋查看过程中，部分客户会要求丈量房屋套内使用面积或结构尺寸，小小卷尺能充分展现房地产经纪人员的服务细节。

9. 权属证书复印件

房屋权属证书复印件是最直接、最有效的查看工具，它能够帮助房地产经纪人员准确说明房屋权属状况，争取客户信任。需要注意的是，房地产经纪人员可以提供权属证书复印件给客户查看，但不得交由客户带走。

另外，女性房地产经纪人员还应当准备镜子、梳子、口红、防身工具等相关物品，以保持良好的职业形象，做好防范人身攻击的准备。

第二节　编制房屋状况说明书

一、编制房屋状况说明书的重要意义

房屋状况说明书是由房地产经纪机构编制的，用来说明房屋实物状况、房屋区位状况、房屋权益状况和房屋交易条件的文书。编制房屋状况说明书是房地产经纪业务不可或缺的环节，是房地产经纪机构应尽的义务。《房地产经纪管理办法》第二十二条规定："房地产经纪机构与委托人签订房屋出售、出租经纪服务合同，应当查看委托出售、出租的房屋及房屋权属证书，委托人的身份证明等有关资料，并应当编制房屋状况说明书。"

编制房屋状况说明书，能更加系统、全面、详细地反映房屋状况，这对房地产经纪机构有着重要意义。一是，提升房地产权利人对经纪服务的认同。编制房屋状况说明书，把房屋状况详细记录下来，使房地产权利人感受到房地产经纪人员是真正在为其服务，不仅仅只是"嘴上功夫"。二是，提升客户对房地产经纪服务的信赖程度。当房地产经纪人员将房屋状况说明书递交给客户时，会使客户觉得房地产经纪人员确实下了功夫，是在认真对待自己从事的房地产经纪业务。三是，防范房地产交易有关纠纷。房屋状况说明书实质就是"产品说明书"，不仅仅说明了房屋自身状况，还包括了家具、家电等附属设施设备的状况，这有利于理清交易双方对交易标的认知，防范房地产交易有关纠纷。

二、房屋状况说明书的内容与参考样式

（一）房屋状况说明书的内容

房屋状况说明书包含4个方面的内容，即房屋位区状况、房屋实物状况、房屋权益状况和房屋交易条件。为了直观、简明地说明这4个方面的内容，可以采用表格形式，并附位置示意图、房产平面图、内外观照片、周围环境和景观照片。

由于房屋状况说明书包含的内容与房源信息的内容基本相同，这里不作重复说明。读者可以查看第一章第一节房源信息的有关内容。

（二）房屋状况说明书的参考样式

【范本】

房屋状况说明书

一、可公开基本信息

1. 委托人委托的交易种类:【　　】

①租赁　　②买卖

2. 房屋规划设计用途:【　　】

①住宅:【　　】(A 公寓　B 别墅)

②办公　　③商业　　④工业　　⑤其他:

3. 房屋的性质:【　　】

①商品房　②已购公有住房　③经济适用住房

④按经济适用住房管理的房屋　⑤限价商品住房　⑥其他:

4. 房地产坐落:________区(县)________小区(街道)________【幢】【座】【号(楼)】____单元____号(室)______________________________。

5. 建筑面积:________平方米;套内建筑面积:________平方米。

6. 装修程度:【　　】

①毛坯房　②粗装修　③精装修　④超豪华装修

二、权益信息

1. 所有权人:______________________。

2. 共有权人:______________________。(没有共有权人填"无")

3. 房屋所有权证,证号为:_______________,共有权证,证号为:_______________,填发单位为:_________________。

4. 有无司法机关或者行政机关依法裁定,决定查封或者以其他形式限制权利的情况:【　　】

①有　　②无

5. 有无抵押权:【　　】

①有,抵押权人:　　②无

6. 有无承租人占用房屋:【　　】

①有(居间方已告知出卖人于买卖合同签订前取得承租人放弃优先购买权的书面证明)

②无

7. 其他已知可能影响出售的情况:____。

三、配套设施设备信息

垂直通行设施:垂直电梯____部,步梯________处。

配套设施设备:

供水:【　　】　①自来水　②矿泉水　③热水　④中水

供电:【　　】　①220 V　②380 V　可负荷　　kW

供燃气:【　　】 ①天然气　②煤气　③液化煤气罐　④蜂窝煤

供暖方式:【　　】 ①集中供暖　②自备采暖

空调:【　　】 ①中央空调　②自装柜机　台　③自装挂机　台

电视馈线:【　　】 ①无线　②有线(数字、模拟)

四、其他信息

____

____。

以上信息为出卖人对该房屋状况的说明,出卖人保证所提供的信息真实,并保证所提供的房屋没有产权和债权债务纠纷。

委托人签字(签章):

填写日期:

三、房屋区位状况描述

(一)位置描述

对位置的描述,主要说明下列方面:

①坐落。除了说明房屋的具体地点,还应附位置示意图。位置示意图应准确、清楚、比例恰当。例如,估价对象位于××市××区××路(大街、大道)××号,具体位置见位置示意图。

②方位。说明房屋在某个较大区域(如所在城市)中的方向和位置,以及在某个较小区域(如所在住宅小区、十字路口)中的方向和位置。例如,估价对象位于××市××部(中部、东部、东南部、南部、西南部、西部、西北部、北部、东北部),××路口××角(东北角、东南角、西南角、西北角),××路(大街、大道)××侧(东侧、西侧、南侧、北侧)。

③与相关场所的距离。说明房屋与其相关的主要场所的距离。例如,估价对象离市中心××千米,离火车站××千米,离机场××千米。

④临街状况。说明房屋是否临街(路),临什么样的街(路),是如何临街(路)的。例如,房屋一面临街,所临街道是××大街。

⑤朝向。说明房屋建筑物的正门或房间的窗户正对着的方向,坡地从高到低的方向。例如,房屋建筑物坐北朝南(坐东朝西)。

⑥楼层。当房屋为某幢房屋中的某层、某套时,说明其所在房屋的总层数及其所在的楼层。例如,估价对象位于××层住宅楼的地上××层(底层、顶层),××层大厦的地上××层,××层商场的地上(地下)××层。在说明房屋所在的楼层时,说明其所在房屋的总层数是很有必要的。如一套位于5层的住宅,是位于5层住宅楼还是位于6层、12层或12层以上的住宅楼的5层,差别是很大的。

（二）交通条件描述

对交通条件的描述，主要说明下列方面：

①道路状况。说明附近有几条道路，到达这些道路的距离，各条道路的路况（如道路等级、路面状况、交通流量）。

②出入可利用的交通工具。说明附近经过的公共汽车、电车、地铁、轻轨、轮渡等公交线路的数量，到达公交站点（如公共汽车站、地铁站等）的距离，公交班次的疏密等。例如，附近有××路公共汽车经过，距离公共汽车站约××米（步行约××分钟），平均每隔10分钟有一辆公共汽车通过。

③交通管制情况。说明受步行街、单行道、限制某些车辆通行、限制通行时间、限制行车速度等影响的情况。

④停车方便程度。说明有无停车场、车位数量、到停车场的距离等。

⑤交通收费情况。说明相关交通工具票价，有无过路费、过桥费、停车费及其收费标准等。

（三）外部配套设施描述

对外部配套设施的描述，包括外部基础设施和外部公共服务设施两大方面。

①外部基础设施。说明道路、给水、排水（雨水、污水）、电力、通信（如电话、互联网、有线电视）、燃气、供热等设施的完备程度。

②外部公共服务设施。说明一定距离内商业服务、金融邮电、教育（如幼儿园、中小学）、医疗卫生（如医院）、文化体育、社区服务、市政公用等设施的完备程度。

（四）周围环境和景观描述

对周围环境和景观的描述，通常用文字并附照片说明下列方面：

①自然环境。说明环境是否优美、整洁，有无空气、噪声、水、辐射、固体废物等污染及其污染程度，环境卫生状况。对于住宅，特别需要说明周边有无高压输电线路、无线电发射塔、垃圾站、公共厕所等。

②人文环境。说明估价对象所在地区的声誉、居民特征（如职业、收入水平、文化程度、宗教信仰）、治安状况（如犯罪率）、相邻房地产的利用状况（如用途）等。

③景观。说明有无水景（如海景、江景、河景、湖景）、山景等。

四、房屋实物状况描述

（一）类型描述

对房屋实物类型的描述，通常需要结合几种常见的建筑物分类标准进行分类并指明竣工日期和用途。

①常用分类。按房屋层数分，包括：1～3层为低层住宅；4～6层为多层住宅；7～9层为中高层住宅；10层以上（含10层）为高层住宅。按建筑结构分，包括：砖木结构、砖混结构、钢筋混凝土结构、钢结构和其他结构。按建筑物结构类型分，包括：砌体结构、框架结构和空间结构。

②竣工日期（或建成年月、建成年份、建成年代）和设计使用年限。最好说明竣工日期；不能说明的，要说明建成年月或建成年份、建成年代。设计使用年限是指设计规定的建筑物的结构或结构构件，在正常施工、正常使用和正常维护下不需要进行大修即可按其预定目的使用的时间。由此还可以说明建筑物的年龄（已经使用年限）和剩余寿命（剩余使用年限）。

③用途。说明房屋的规划用途、设计用途、登记用途和实际用途。

（二）空间描述

对房屋的结构描述主要包括建筑层高和空间布局两个方面。

①层高和室内净高。层高是指上下两层楼面或楼面与地面之间的垂直距离；室内净高是指楼面或地面至上部楼板底面或吊顶底面之间的垂直距离。

②空间布局。说明空间分区以及各个空间的交通流线是否合理，并附房产平面图、户型图等来说明。对于住宅，要说明户型；对于商业用房，特别是临街铺面房，要说明面宽、进深和宽深比；对于厂房，要说明跨度等。

（三）使用描述

对房屋的使用描述主要是指直接影响房屋使用功能的相关情况，包括房屋面积、设施设备和装饰装修等。

①面积。一般说明房屋建筑面积或者套内建筑面积、使用面积。建筑面积是指房屋外墙（柱）勒脚以上各层的外围水平投影面积，包括阳台、挑廊、地下室、室外楼梯等，且具备有上盖，结构牢固，层高2.20米以上（含2.20米）的永久性建筑。套内建筑面积是指由成套房屋使用面积、套内墙体面积、套内阳台建筑面积三部分组成的面积。使用面积是指房屋户内全部可供使用的空间面积，按房屋的内墙面水平投影计算。

②设施设备。说明给水、排水、采暖、通风与空调、燃气、电梯、电气等设施设备的配置情况（有或无）及性能。

③装饰装修。说明是毛坯，还是粗装修、精装修。对于有装饰装修的，还要说明外墙面、内墙面、顶棚、室内地面、门窗等部位的装饰装修标准和程度，所用材料或饰物的质量以及装饰装修工程施工质量等。

④日照、采光、通风、保温、隔热、隔声、防水。

五、房屋权益状况描述

对房地产权益状况的描述，一般先分为土地权益状况和建筑物权益状况两大部分，然后分别说明各部分的状况。

(一)土地权益状况描述

对土地权益状况的描述，主要说明下列方面：

①土地所有权状况。说明土地所有权性质，即是国有土地，还是集体土地。对于集体土地，还要说明土地所有权由谁行使。例如，估价对象土地为农民集体所有，由××村集体经济组织(××村民委员会、××村民小组、××乡镇集体经济组织)代表集体行使所有权。

②土地使用权状况。

a. 说明是建设用地使用权，还是宅基地使用权、土地承包经营权及其权利人。对于建设用地使用权，还要说明是出让的建设用地使用权还是划拨的建设用地使用权或者其他建设用地使用权。对于出让的建设用地使用权，还要说明土地使用期限及起止日期、剩余期限、续期的有关规定或约定、到期后对收回的建筑物是否予以补偿等。

b. 说明是单独所有还是共有。对于共有的，还要说明是按份共有，还是共同共有及共有人情况。对于按份共有的，还要说明每个共有人享有的份额。

③土地使用管制情况。说明是建设用地，还是农用地、未利用地。对于房地产开发用地，还要说明规划条件，包括：土地用途；容积率或建筑控制规模；建筑高度；建筑密度；绿地率；其他要求，如配套建设保障性住房、公共服务设施等要求。

④土地利用现状。说明土地上是否有房屋、林木等地上定着物。

⑤出租或占用情况。说明有无出租或占用情形。对于已出租的，还要说明承租人、租赁期限及起止日期、租金水平等。

⑥他项权利设立情况。说明是否设立了地役权、抵押权等他项权利。

⑦其他特殊情况。

a. 土地所有权或土地使用权是否不明确或归属有争议。

b. 土地取得手续是否不齐全。

c. 是否为临时用地或违法占地。为临时用地的，批准期限多长，是否已超过批准期限。

d. 是否被依法查封、采取财产保全措施或以其他形式限制。

e. 是否未达到法律法规规定的转让条件。

f. 是否属于法律法规规定不得抵押或不得作为出资的财产。

g. 是否有拖欠建设工程价款。

h. 是否已依法公告列入征收、征用范围。

(二)建筑物权益状况描述

对建筑物权益状况的描述,主要说明下列方面:

①房屋所有权状况。

a. 说明房屋所有权人。

b. 说明房屋所有权是单独所有,还是共有、建筑物区分所有权,是完全产权还是部分产权。对于共有的,还要说明是按份共有,还是共同共有及共有人情况。对于按份共有的,还要说明每个共有人享有的份额。

②出租或占用情况。说明有无出租、占用情形。对于已出租的,还要说明承租人、租赁期限及起止日期、租金水平等。

③他项权利设立情况。说明是否设立了地役权、抵押权等他项权利。

④其他特殊情况。

a. 房屋所有权是否不明确或归属有争议。

b. 房屋建设手续是否不齐全。

c. 是否为临时建筑或违法建筑。为临时建筑的,批准的使用期限多长,是否已超过批准的使用期限。

d. 是否被依法查封、采取财产保全措施或以其他形式限制。

e. 是否未达到法律法规规定的转让条件。

f. 是否属于法律法规规定不得抵押或不得作为出资的财产。

g. 是否有拖欠建设工程价款。

h. 是否已依法公告列入征收、征用范围。

⑤其他。如物业管理情况,包括物业服务企业、物业服务费标准、管理规约等。因为完善的物业管理是保持及提高房地产价值的一个重要因素。

第三节　实地查看房屋

房地产经纪人员带领客户实地查看房屋,简称“带看”,顾名思义就是房地产经纪人员带领客户实地查看房屋的过程。房屋实地查看包括三个方面的内容:一是制订实地查看方案,二是完善客户看房手续,三是实地查看介绍。实地查看房屋,是房地产经纪人员向委托人全面、客观、真实地介绍待交易商品房屋的重要环节,是房地产经纪人员展现专业素养,提供居间服务的重要内容,是房地产经纪服务不同于其他商品交易服务的主要区别。带领客户看房是房地产经纪人员深入了解客户的最佳时机,即使交易没有成功,也能加深对客户需求和购房心理的进一步了解,为下一次查看打下坚实基础。实地查看房屋的结果,直接关系到居间交易的成败。

一、制订看房方案

制订带领客户实地看房的方案,包括选择待看房源、制订看房策略和制订具体方案三个步骤。

(一)选择待看房源

房地产经纪人员在带领客户实地查看房屋之前,需要了解客户的基本情况和购房需求。需求是客户购房的源动力,任何一次成功的带看,都离不开房地产经纪人员对客户需求的了解。房地产经纪人员应选择合适的房源推荐给客户,以提高成功率。盲目带看,更多的是在浪费房地产经纪人员和客户的时间与精力,对于成功交易的帮助不大。

对房地产经纪人员来说,运用条件匹配的方法选择待看房源尤为重要,因为只有房源的各项条件符合客户需求,客户才有可能购买该房源。具体操作中,如何才能做好条件匹配工作呢?房地产经纪人员通常可以从价格匹配、功能匹配、区位匹配和特殊匹配4个方面来了解和引导客户需求,寻找符合条件的待看房屋。

1. 价格匹配

所谓价格匹配,实际上是了解客户购买力,将待看房源划定在其购买力能够支撑的价格范围内,即找到"真实需求"。最常用的三段式询问法如下:"您要买哪个价位的房屋?""您需要办理按揭贷款吗?""您的首付款最高能到几成?"如果客户回答"100万元左右",则表明其购房成交价预期是100万元;回答"要贷款",则表明客户自有资金不足100万元,反之则说明通过金融杠杆,客户实际可购买房屋价格超过200万元;回答"最高能首付七成",则表明客户自有资金加上自筹资金,能达到约70万元。这样,房地产经纪人员就基本了解到客户的实际购买能力,也就不会将没有支付能力的房源纳入到待看房源中来。涉及需要办理按揭贷款的情形,房地产经纪人员还要根据客户的实际情况做好融资方式选择和现金流匹配的贷款规划。

2. 功能匹配

所谓功能匹配,是指房地产经纪人员通过沟通、交流,将客户的房屋使用需求描述,整理、归纳为具体的功能需求。例如,客户提出"想给孩子买套房",房地产经纪人员就需要了解"您的孩子有小孩吗?""您会跟孩子一起住吗?""老人也会住在一起吗?",从了解房屋使用者出发,了解客户对房屋居住空间的最基本需求。

3. 区位匹配

所谓区位匹配,是指房地产经纪人员通过沟通、交流,将客户的区位选择描述,整理、归纳为具体的区位范围。在区位选择描述时,客户往往会把环境、地段等区位选择的条件描述得很好,如"市中心、大社区、环境好、交通便利",可是最后会发现他们的要求其实没那么高,这主要是受"择优心理"的影响,谁都想花同样的钱买到更好的东西。

房地产经纪人员在做客户购房的区位匹配时,可以遵循以下原则:最关注原则、最熟悉原则、最配套原则、最具潜力原则。最关注原则,是指优先匹配客户最关注的区位选择;最熟悉原则,是指优先匹配客户最熟悉的区位;最配套原则,是指优先匹配周边生活配套成熟的区位;最具潜力原则,是指优先匹配城市功能规划中重点发展的区位。以上原则的优先性依次递减。

4. 特殊匹配

所谓特殊匹配,是指房地产经纪人员将客户的特殊需求作为待看房源匹配的最优选项。例如,为孩子就近读书,在指定学校周边购房或租房;为年迈老人就医方便,在知名医院附近购房或租房;为上下班方便,在指定单位附近购房或租房等。

(二)制订看房策略

好的看房策略,能够帮助房地产经纪人员有针对性地安排好待看房源的组织工作,避免盲目带看,提高看房效率。房地产经纪人员在制订看房策略时,应当遵循以下工作思路:

1. 掌握看房节奏

掌握看房节奏,要求房地产经纪人员在制订看房策略时,根据客户实际情况,结合市场价格走势,合理地安排看房周期和频率。房地产价值量大和市场信息透明度较低的特点,使得交易当事人的交易行为变得慎重,愿意付出较多的时间和成本去了解更多的市场信息,交易周期一般较长。通常,客户交易决策的时间点取决于自身需求、价格走势和交易付出,房地产经纪人员掌握看房节奏,就是要发现、引导和掌握看房的最佳时机,尽可能选择在交易决策时点期间多带客户看房,反之则少带。一般地,除自身特殊需求导致的时间限制外,房地产市场价格变动越频繁,客户为达成交易付出的时间和精力成本越多,交易决策的时间就越短。例如,近期房价上涨迅速,或者客户看房已经很多的情形。

2. 把握看房原则

房地产经纪人员在制订看房策略时,通常遵循"次—优—次"原则,即首次带看房屋为符合条件的普通房源,其次带看符合条件的优质房源,再次带看符合条件的普通房源。制订这一原则的主要目的是避免客户形成"越来越好"或"越来越坏"的心理预期和"选择性恐惧"障碍,即业内常说的"看花眼"。

3. 抓住重点房源

重点房源是指房屋区位较好,生活配套成熟,交通便利,楼层、朝向、采光较好,户型合理且委托价格不高于市场均价的优质房源。哪一套才是最适合客户的房屋,房地产经纪人员要做到"心中有数"。抓住重点房源带看成交,是房地产经纪人员实地查看工作的最终目标。

(三)制订具体方案

房地产经纪人员制订具体看房方案,包括:约定看房时间、安排看房人员、组织看房顺序和规划看房路线。

1. 约定看房时间

优秀的房地产经纪人员能够根据实地查看工作需要,制订最有利于带看成交的时间方案。客户情况、天气情况和交通情况都是影响制订看房时间方案的主要因素。

(1)客户情况

通常,房地产经纪人员都会有多位客户处于不同的交易阶段,多位房地产经纪人员也会有不同客户需要带看同一套房屋,房地产经纪人员需要根据待看房屋和不同客户的实际情况,合理安排最优客户查看最优房源,以尽早达成交易。在面对委托人或客户"没有时间"的情形,房地产经纪人员可以据此预估当事人的交易意愿,意愿较低的看房,成效自然不高。

(2)天气情况

好天气通常伴随着好心情,房地产经纪人员应多选择好天气看房。雨、雪天气也愿意看房的客户,往往都是对推荐房源特别感兴趣并急于购买或租赁房屋的客户。坏天气是房地产经纪人员的"试金石"。房地产经纪人员应避免在夜间或是阴天带看未装修的房屋。

(3)交通情况

房地产经纪人员应避免在上下班高峰,或是有交通管制的时段查看房屋,有轨道交通的情形除外。

2. 安排看房人员

看房人员的安排在看房方案中至关重要,房地产经纪人员应当事先向委托人和客户了解其参加房屋查看的人数,并据此安排看房人员。原则上,参加房屋查看的房地产经纪人员的数量不少于委托人和客户方参加看房人数的较少方。另外,从安全角度考虑,女性房地产经纪人员不应单独带看,特别是无人居住的房屋。

3. 组织看房顺序

一次带看需要查看多套房屋的,房地产经纪人员应当做好看房顺序的组织工作。组织看房顺序时,除了遵循"次—优—次"的原则,还应考虑委托人约定时间或多位客户看房需求对看房顺序的影响。

4. 规划看房路线

只查看一套房屋的,房地产经纪人员在规划看房路线时,需要重点规划好"聚—行—离"三个阶段的看房路线,其中"聚、离"是关键,"行"是重点。

(1)聚

"聚"就是规划见面地点,也是看房路线的起点。通常,房地产经纪人员会将委托人和客户约定在房屋所在小区附近的不同地点并安排一定的时间差。由于委托人熟悉房屋所在环境，一般约在小区内规划路线上的某标志物附近，时间较晚；而客户不熟悉环境，一般约在小区某入口附近，时间较早。房地产经纪人员应提前到达客户约定处，等待客户到达后，一同前往委托人约定地点。

(2)行

“行”就是规划看房路径，也是看房路线的行进过程。此路径，可以是闭环式的，最后由入口处离开；也可以是开放式的，由另一入口离开。规划看房路径的总原则是：有时间介绍房屋状况说明书中关于区位、权益和交易条件方面的情况；有时间与客户建立良好的沟通氛围；总的步行时间不宜超过30分钟。

(3)离

“离”就是规划分手地点，也是看房路线的终点。看房结束后，有两名以上房地产经纪人员参加看房的，通常分别陪同委托人和客户离开，陪同客户的房地产经纪人员需送其乘车离去。只有一名房地产经纪人员参加看房的，通常会根据客户成交意愿度来选择陪同对象，成交意愿度高时，房地产经纪人员会陪同客户离开，争取尽早达成交易；反之，则会陪同委托人。在此过程中，房地产经纪人员可以与其沟通交流，分享经验，增进感情。

需要连续查看多套房屋时，房地产经纪人员的看房路线规划还应考虑多套房屋间的地域转换、时间衔接以及特殊情况下的备选房屋。

二、完善看房手续

房地产经纪人员预约查看房屋时，需先提前告知客户带上有效身份证件，以及需要完善的相关看房手续。认真履行看房手续，既是相关法律法规的要求，也是房地产经纪服务水平的充分体现，还是维护各方当事人权益的重要保障。

(一)身份确认

非到店客户，在第一次查看房屋之前，大多通过电话、网络方式与房地产经纪人员取得联系并预约看房，房地产经纪人员难以了解服务对象的准确信息。房地产经纪人员需要在首次带领该客户看房时确认服务对象，最常用的方式是查看客户的身份证件，如身份证、军官证、驾照等。对不愿意提供身份证明材料的客户，房地产经纪人员有权拒绝提供服务。

(二)服务确认

《房地产经纪管理办法》第十六条规定：“房地产经纪机构接受委托提供房地产信息、实地看房、代拟合同等房地产经纪服务的，应当与委托人签订书面房地产经纪服务合同。”因此，房地产经纪人员在带看房屋前，需要确认是否已经与客户签订书面委托协议，未签订的应当补充签订，对拒不签订书面委托协议的客户，房地产经纪人员不得提供服务。

《房地产经纪管理办法》第二十一条规定："房地产经纪机构签订房地产经纪服务合同前，应当向委托人说明房地产经纪服务合同和房屋买卖合同或者房屋租赁合同的相关内容，并书面告知下列事项：是否与委托房屋有利害关系；应当由委托人协助的事宜、提供的资料；委托房屋的市场参考价格；房屋交易的一般程序及可能存在的风险；房屋交易涉及的税费；经纪服务的内容及完成标准；经纪服务收费标准和支付时间；其他需要告知的事项。"为此，房地产经纪人员可就上述告知要求，制定统一格式的《客户书面告知书》，在签订协议前告知并提供给客户。

（三）看房协议

签订《看房协议书》是避免经济纠纷，维护房地产经纪机构和房地产经纪人员合法权益的有效方式。

三、实地看房介绍

房地产经纪人员在实地看房期间，需要结合房屋状况说明书帮助客户了解房屋区位状况、房屋权益状况和房屋交易条件等房屋相关信息，解答客户疑问，处理突发情况，履行好房地产经纪人员的职责，为客户提供优质的房地产经纪服务。

（一）注重礼仪

注重礼仪是房地产经纪人员在实地看房过程中需要始终牢记的基本要求，是房地产经纪人员提升专业形象的重要支撑。注重礼仪的具体内容包括：

①提前到达。房地产经纪人员为客户提供优质的经纪服务，首先要做到守时。迟到是一种难以让人接受的陋习和不礼貌的行为。在客户看来，不守时的房地产经纪人员往往难以信任。由于交通状况、突发事件等不可控因素常常会影响房地产经纪人员准时到达约定地点，预留足够的时间就显得特别重要。在已经不可能按时到达的情况下，房地产经纪人员应该提前联系客户，说明原因，表达歉意，争取客户的谅解。

②主动招呼。见到客户后，房地产经纪人员应热情与客户打招呼，主动迎上前握手，对客户的到来表示欢迎。

③注意仪态。走路不要大摇大摆，要注意仪态。房地产经纪人员在带领客户看房的途中，应该走在客户的左前方。

④讲究卫生。房地产经纪人员在带看中要讲究个人卫生和环境卫生，保持整洁的仪容，不要乱扔垃圾。

⑤注重细节。例如，在楼道处，房地产经纪人员应当注意让客户走过道靠墙侧；上楼梯时让客户先行，下楼梯时房地产经纪人员先行；乘坐电梯时引导客户进出等细

节。在带领客户看房的途中,多给客户一点儿关心,感动源于细微之处。在沿途中,多一点儿善意的提醒,如“前方有个斜坡,小心路滑!”“楼梯光线有点暗,注意安全”,等等。

(二)介绍原则

房地产经纪人员在现场介绍时,应该遵循以客户为中心的原则。房地产经纪人员的现场介绍是否成功,关键在于客户能否接受。在介绍房源时,应以客户为中心,根据客户的喜好、需求来进行介绍。

1. 抓住客户的关注重点

有些房地产经纪人员在进行介绍时,总是根据自己设定好的一套模式进行。在这种情况下,如果客户的关注点或者说是喜好与你所极力推介的卖点并不一致,那么不但不能获取客户的同感,反而让客户觉得厌烦,购买兴趣自然也就会大大降低。甚至,你所谓的卖点很可能是客户眼中的缺点。

请记住:千万不要尝试去左右客户的购买意愿,应当向客户描述符合其需要的优点,做到有针对性、有重点地说明,这样客户就会坦然接受。比如,对喜欢热闹的客户,就应重点推介现在或未来的繁华;对喜欢安静的客户,就应重点推介“闹中取静”的优势所在;对注重小孩教育问题的客户,就要把学校作为卖点;对注重生活便利的客户,就要把菜市场就在家门口作为卖点。

2. 用客户喜欢的方式沟通

每个人的兴趣爱好不一样,沟通方式也不一样。有的人喜欢说话爽快的,有的人喜欢说话含蓄的,有的人喜欢平铺直叙,有的人喜欢饱含深情。因此,在介绍时,要因人而异,用客户喜欢的方式来解说。

第一种方式:您看,这套房子真的很气派,客厅挑高设计,并且宽度达到了 6 米,配上落地窗,全采光、宽视野……

第二种方式:这套房子真是气派无比,您想想,在大大的落地窗旁边喝咖啡、看杂志,把头深深地埋在大软沙发中的感觉,是何等的幸福……

如果你是客户的话,上面哪种介绍方式会让你更容易接受?如果你喜欢第二种介绍方式,那么你在购物时更为感性,对你来说多使用感性的描述更能吸引你的兴趣;如果你喜欢第一种介绍方式,那么你在购物时更为理性,对你来说多使用理性的描述更能吸引你的兴趣。

因此,为了更有效地介绍产品,给客户最好的感觉,并吸引他的兴趣,房地产经纪人员一定要先了解对方的接受方式。只要用客户喜欢的方式进行沟通,就会收到意想不到的效果。

3. 与客户互动交流

沟通是双向的,而不是一方说、一方听。在整个介绍过程中,如果只有房地产经纪人员讲,而客户只是听,就会失去现场互动的气氛,甚至会让客户感到厌烦。如果能适当调动客户的情绪，让客户参与到介绍活动中来，那么不仅可以使房地产经纪人员的介绍更容易被客户接受，而且也会使双方的交流更加舒适自然，房地产经纪人员的压力也相对减少。因此，在介绍时，一定不要忘了和客户互动，让客户亲自参与体验，才会感受深刻，因为客户最在意的是自己的感受。

①问问题。成功的销售一定要避免一个人唱独角戏，要尽量让客户参与进来，发挥参与感的影响力。发问会让客户参与其中，对产品的感受更加深刻。在介绍产品时，只有不断地和客户互动，及时发问，让客户多说，才会了解客户的想法并很好地引导客户的思维。一场20分钟的独白远远不如10分钟的对话更有效。

②注意客户的反应。房地产经纪人员对客户进行介绍时，不仅要语气委婉、介绍详细周到，还要注意观察客户的表情态度，注意客户的反应，有针对性地进行介绍。比如，当客户表现出对地段不是很满意时，房地产经纪人员就应着重说明交通的便利性及强调房子的其他优点；如果客户较关心子女的入托入学问题，房地产经纪人员就应帮助客户分析小区周边的学校情况。

③配合客户的反应。在介绍过程中，切忌长篇大论、喋喋不休，而应一边说一边观察客户的反应，及时调整自己的介绍方式。

客户类型有许多种，有的是慎重型，他们往往受房地产经纪人员的影响不大，他们更相信书面的资料数据和介绍方式，对于这种客户，不用介绍太多，边介绍、边配合资料，往往可以达到较好的效果；有的是率直型，他们更相信自己的判断和熟人的介绍，对这种客户，介绍时应该爽快，抓住重点，不要啰唆；有的是犹豫型，多疑，喜欢问东问西，不相信自己，需要别人的帮助做决定，对这种客户，房地产经纪人员应该以权威的口吻向其作详细的介绍，帮助他作决定；还有的是情感型，他们容易受主观情绪的影响，对这种客户，房地产经纪人员应投其所好地与他交谈。

总之，房地产经纪人员在介绍过程中，一定要针对不同类型的客户作出不同的反应，这样才可能让沟通更为有效。

④回答客户的疑问。客户向你提出咨询是常有的事。客户可能会提出交易上的问题，也可能提出各种与房源相关的问题，如乘车路线、购物等。对此，房地产经纪人员应该明白，客户向我们提问，是期望我们为其服务，理应以诚相待，做到有问必答，尽量满足客户的需求。

⑤让客户积极响应。在介绍时，应尽量把客户带入一个点头说“是”的节奏中去。比如，可以连续、自然地问客户：“对不对?”“您相信吗?”“很好，您觉得呢?”如果客户相信了那些优点，他是很愿意给予赞同的。得到的赞同越多，客户与房地产经纪人员之间取得的一致性就越高，而且愿意购买的可能性就越大。

⑥与客户产生共鸣感。如果房地产经纪人员的观点得到客户的认同，当然是一件好事。当与客户产生共鸣时，就会愉快地继续介绍；而当你的观点不被认同时，你的介绍就会显得无趣，难以进行。因此，在适当的时候可以点头表示对客户的赞同或站在客户的立场来考虑问题，这样可以缩短房地产经纪人员与客户之间的距离，并相

互增进感情，这对销售很有帮助。

⑦让客户亲身感受。生活中有这样的经验：一件事情如果参与其中，就会不断有新的发现，而且对这件事情能够保持热情；如果只是在一旁观看，感觉就有些像“雾里看花”，而且比较容易厌倦。例如，房地产经纪人员在介绍房屋周边的优美环境时，可以带客户在房屋附近走一走；在介绍房屋装修所用到的某种特殊建筑材料或者某种新型的智能化设备时，就可以让客户亲自触碰体会。

（三）介绍房屋

房地产经纪人员介绍房屋，按时间顺序可分为事前介绍、途中介绍和现场介绍三个阶段。

1. 事前介绍

事前介绍是指房地产经纪人员向客户推荐房屋及预约看房时向客户介绍房屋状况。因为此时客户还没有看到房屋，所以介绍的重点是房屋交易条件和所处区位。介绍目的是房地产经纪人员从符合客户需求的待交易房屋中选择一到两套推荐给客户，尝试预约看房时间，促成实地看房工作。

2. 途中介绍

途中介绍是指房地产经纪人员在实地看房过程中带领客户从预约地点到达所看房屋途中介绍房屋状况。此阶段的介绍重点是房屋周边环境、配套设施和物业服务等内容。介绍的目的是帮助客户了解房屋周边的生活、居住环境及交通、服务状况，提高客户居住意愿。途中介绍就是要让客户一直处于房屋周边环境和相关配套的吸引中，多些对美好事物的想象，培育房屋交易的良好心情。

例如：某客户是一对退休教授，准备购买一套 90 ~ 110 平方米三房两厅的房子。老两口喜欢安静，爱好锻炼，对生活配套和文化设施有一定需求。房地产经纪人员基于对房源及周边情况的了解，为老两口准备实地查看的房源路线上，会安排路过公园、大型超市、老年活动中心、图书馆。房地产经纪人员在介绍时可以说：“公园离小区很近，步行只需五分钟，那边的环境优美，有人工湖、草坪、凉亭等，老年人都想有个幸福的晚年生活，打打太极，跳跳舞，与老友聊聊天、下下棋，这些都可以实现。除此之外，还可以带小朋友去玩，增加生活中的童趣。”

3. 现场介绍

带领客户实地查看房屋，根据委托人是否在场，房地产经纪人员现场介绍时会有所不同。委托人在场的，房地产经纪人员应礼貌的敲门，委托人开门后，主动与其打招呼，并礼貌地将客户简单介绍给委托人。如果是装修房，应当先换好鞋套再进门。进入屋内，如有业主其他家庭成员在，可以点头微笑致意，以表示对他人的尊重。紧接着，房地产经纪人员应该对该房源作总体性介绍，包括面积、户型、朝向、阳台景观、主要特点等，并依次带领客户参观客厅、卧室、厨房、洗手间等。在带领客户看房的过程中，房地产经纪人员应精神饱满，除了防止客户同委托人私下交流以外，房地产经纪人员还应注意同客户进行有效沟通，尤其是应该注意客户的身体语言信号，并理解这些信号的含义。如果是清水房，可以加入装修介绍，帮助客户更加直观地了解房源。在给客户作现场介绍的过程中，房地产经纪人员应细致、认真、把握好时间。

委托人不在场的，房地产经纪人员仍应有礼貌地敲门，确定没有其他人后再用钥匙打开房门进入屋内，房地产经纪人员应该对此房源进行概略性的介绍，帮助客户逐步了解房源的特点，并充分让客户融入到房地产经纪人员的房源介绍中来，让客户有机会亲自去体验房源的各项优点。例如：介绍阳台景观，一定要拉客户亲自到阳台上站一站，实地介绍一下景观的状况。

（四）常用介绍方法

1. FAB 法则

FAB 法则，即属性、优势、益处的法则。FAB 对应的是三个英文单词：Feature，Advantage和 Benefit。按照这样的顺序来介绍，就是说服性演讲的结构，它达到的效果就是让客户相信你的是最好的。

总的来讲，FAB 法则就是销售员利用商品本身的属性，介绍属性的优势，然后这样的优势可以给客户带来什么样的利益，从而打动客户。属性转化为利益，可以更加直观地呈现商品的特性。例如：沙发，属性是真皮的，优势是非常柔软，益处是客户坐起来非常舒适。

充分理解 FAB 法则，将产品介绍分为三段，第一段陈述产品的特性；第二段充分说明优势；第三段强调客户的利益。这样的方法，称为三段式说明。

第一段，陈述产品的特性。产品的特性就是不同于一般产品的真实情况，就是房源的特点。房地产经纪人员通常会将房源的特点介绍给客户。例如，房源的阳台朝东，电梯配比为 3 梯 6 户。

第二段，说明产品的优势。产品的优势，是因为产品特性而表现出来的效果，也是房源的卖点。例如，阳台朝东，寓意紫气东来；电梯配比为 3 梯 6 户，可以减少等待时间。

第三段，强调客户的益处。强调客户的益处暗含着强烈的心理暗示，客户只有拥有所销售房屋时才能获得上述产品优势所带来的特别体验。所以，房地产经纪人员通常会认真做好这最后一步，充分将优势描绘为客户将会拥有的诸多益处，引导消费需求。例如，阳台朝东，可以在享受温暖朝霞的同时，拥有紫气东来的美好寓意；电梯配比为 3 梯 6 户，可以减少等待时间，避免排队等电梯。

房地产经纪人员总需要给客户一个购买的理由，这些益处就是客户购买的理由。充分利用特性、优势、益处进行产品说明，让客户觉得房地产经纪人员的介绍更加有层次感，并且能够有效地激发客户购房的兴趣。

2. 联想提示法

联想提示法是指推销人员通过提示事实，描述某些情景，使顾客产生某种联想，刺激顾客购买欲望的推销洽谈的方法。联想提示法要求推销人员善于运用语言的艺术去表达、描绘，避免刻板、教条的语言，也不能采用过分夸张、华丽的词藻。这样，提示的语言方能打动顾客，感染顾客，让顾客觉得贴切可信。

房地产经纪人员运用联想提示法介绍房源时，着重需要帮助客户描绘出一幅幅美好的生活画面，让客户对房地产经纪人员推荐的房源产生一定的情感，进而打动客户，增加客户购买的可能性。

例如：房地产经纪人员带领客户看卧室，在介绍卧室的全落地玻璃墙时便可以刺激客户的联想，为客户描绘出一幅幸福的画面：人的一生，有三分之一的时间是在卧室度过的，好的睡眠可以带来好的心情，清晨，那一缕阳光敲醒了沉睡的您，在这样的环境中，您有可能赖赖床，但终抵不过闹钟的催促，您起床后，缓缓地走到玻璃墙前，拉开窗帘，一片大好的景色映入眼帘，令人心旷神怡，感受着那温暖的阳光，您缓缓地伸了一个懒腰，开始幸福美好的一天。这样的画面，是温馨的，是让人向往的。联想提示法可以帮助客户找到家的感觉，让客户感觉到购买这套房子后，未来的生活将会是多么幸福美好！

房地产经纪人员在运用联想提示法时，应注意语言的优美，避免太刻意地运用，一切都应该亲切自然，不露痕迹。这样才能激起客户的联想，否则可能起反作用，得不偿失。

3. 假设成交法

假设成交法是推销人员假定顾客已决定购买商品了，又称"假定成交法"，是推销人员展开推销努力的一种成交法。

房地产经纪人员在介绍房源时，可以适当利用假设成交法，假设客户已经购买了此房源。在介绍时，可以对客户讲，这是您的客厅，这是您的主卧，这是您的厨房等，让客户以为房源已经是自己的，使客户对房源产生感情，帮助房地产经纪人员实现最后的成交。

4. 负正法

负正法是一种平衡商品优点和缺点，利用优点去弱化缺点的销售方法。"正"是指房源的优点，"负"是指房源的缺点。房地产经纪人员在推介房源时，先讲房源的优点再讲房源的缺点，称之为正负法；反之，则称之为负正法。

所有的房源都有其本身的优点及缺点。有的房地产经纪人员在介绍房源时，只讲优点，不介绍缺点，以为不介绍就可以掩盖住房源的缺点。而且还暗自窃喜，觉得虽然没有介绍房源的缺点，但客户也没有提出异议，结果在跟进客户时，发现客户对自己推荐的房源没有一点兴趣，而且已经选择了别的房源。随着购房者越来越专业，客户对房源的认知程度也在不断提高，你不讲，并不代表客户发现不了房源的缺点。房地产经纪人员不把实际情况告诉客户，也会引起客户对其专业度和诚信度的质疑。

综上所述，房地产经纪人员在介绍房源时，就应该把房源的实际情况告知客户。那么是先说优点，还是先说缺点呢？

例如:A 套房子户型不错,但楼层太高;B 套房子虽然楼层有点高,但是户型真的很不错。从人的沟通习惯及记忆重点来看,第一种说法,我们记住更多的是楼层太高了;第二种说法,我们更多记住的是户型真的很不错。房地产经纪人员应该利用负正法,把缺点说在前面,然后再放大优点去弥补缺点,这样成功的可能性相对就更高。

(五)房源介绍时需要的辅助材料

在现场介绍房源时,房地产经纪人员应该准备相应的辅助材料,帮助其更好地介绍房源。辅助材料不仅可以提升房地产经纪人员的专业形象,还可以使房源介绍更加顺利地进行。本书介绍的辅助材料主要有 4 种。

1. 楼层平面图

楼层平面图有助于房地产经纪人员在介绍房源朝向、方位时,能更加直观地将介绍的内容展现在客户面前。

2. 户型图

户型图可以让客户对户型有一个整体的认识,帮助房地产经纪人员在介绍各功能区间的面积配比以及介绍房源的户型特点时,能更加直观地呈现在客户面前。

3. 装修建议稿

如果是清水房,房地产经纪人员可以将事先准备的装修建议稿提供给客户参考。特别是有的房源户型,在设计时可能有一定的缺陷,这种缺陷可能会阻碍客户作出购买决定,但有的缺陷是可以通过装修弥补的。如果客户对装修不了解,只看到缺陷,没有看到解决办法,这时装修建议稿可以帮助房地产经纪人员解决客户的担忧,为他们找到解决办法,而且装修建议稿可以大大地提升房地产经纪人员的专业形象,让客户对其服务有一个全新的认识。

4. 客户预算表

客户对房源初步满意,很有可能会询问房地经纪人员关于价格方面的问题,包括各项税费、总价、单价、交易手续等,如果是按揭的客户还有可能询问首付、月供等信息。房地产经纪人员应提前准备一张客户预算表,现场帮助客户算出一个价格,以便客户参考,甚至是提供一张已经提前做好的客户预算表。

四、回答客户提出的异议

(一)正确认识客户异议

房地产经纪人员在与客户接触的过程中,客户随时都可能会对房源或是服务提出自己不同的意见,也就是提出异议。异议在销售过程中是不可避免的。在房地产经纪人员带领客户看房的过程中,包括带看后的跟进工作中,客户会对房源因素、服务因素、价格因素及一些细节上的事情提出他们的观点,表达他们的意见。房地产经纪人员只有成功处理了各项异议后，才能最终实现成交。异议的处理在房地产经纪活动中十分重要，房地产经纪人员首先应深入理解异议的本质。

1. 异议的真实含义

客户随时都可能提出各种异议，表达自己的不同意见。可以这么说，客户提出异议是销售过程中很正常的一种必然现象。

(1)客户本能的反应

从心理学的角度来讲，每个人心中都有着自我防卫机制。面对销售，客户的条件反射多数表现为轻微的异议，寻找各种借口避免作出购买承诺。这种异议只是为了抵御来自你的销售攻势的本能反应。房地产经纪人员在工作中经常会遇到这种反应，客户会给房地产经纪人员提出他的意见或是不满，这样客户就有理由暂时不买，从而多一些考虑的时间。

(2)要求得到更多信息

较理性的客户在作出购买决定之前，会搜集大量的信息以供他们作出决策，房地产经纪人员就是信息的主要提供者之一。客户的需求不一样，房地产经纪人员在介绍房源以及各种事项时，侧重点就会有所不同，这就造成了客户对更多信息的渴望，此时他们会提出各种疑虑或刁难、意见，而这些异议恰恰说明了客户对房源有渴望和需求，只是他还没有完全被说服。因此，他们需要更多的信息来确认是否作出购买决定。

(3)异议不表示没兴趣

事实上，客户提出异议并不一定代表着他对房地产经纪人员提供的房源不感兴趣。相反，这是一种完全正常的行为，因为客户在选择房产时要面临各种风险，出于谨慎必须关注各种可能出现的问题，以避免日后出现不必要的麻烦。

要知道，每个人都很忙，如果不是对房地产经纪人员推介的房源有兴趣，他大可不必多费唇舌，只要一句“没相中”或“不合适”就足够了。任何客户在购房时总是希望能够百分之百地相信“物有所值”，对于不满意之处，他们指出来是很正常的。

2. 异议的表现形式

客户产生异议时，通常有两种表现：一种是采取行动，向你表明；另一种是不采取行动，把异议藏在心里。采取行动的方式是直接提出反对的观点、拒绝你的推介等。经研究，有将近80%的客户即使有异议也不会采取行动，更多的客户是在私下对异议采取行动，及决定不买你推介的房子。

(二)有效处理客户异议

正确认识了异议，了解了异议产生的原因，那么房地产经纪人员就应该重视异议。一旦客户提出异议，房地产经纪人员就需要找出客户异议背后的真正原因，其次是辨别异议的真假，第三是把握回答异议的恰当时机，第四是选择正确的异议处理方法，最后留下谈判余地。

1. 找出异议背后的原因

客户的异议其实说明了他的兴趣、关注和顾虑，寻找其背后的原因将有利于房地产经纪人员找出解决问题的关键点所在，从而制订相应的策略。在操作实务中，让客户产生异议的原因有很多，可能是房源因素，也可能是客户自身的原因，还可能是房地产经纪人员的因素。

(1)房源的因素

客户在购房时，都希望买到条件好又符合自己需求的房子。当房子本身的质量或者价格等方面与客户的要求有出入时，客户就很容易提出异议。比如，房子价格太高；房子质量、装修等方面不能让客户满意；房子无法满足客户的需要。如果客户的需要得不到充分满足，那么客户通常就会不认同你所提供的服务。又比如，客户明明需要小高层，你却给他推荐多层的；或者客户明明需要市中心的房子，你却给他推荐郊区的房子。

(2)房地产经纪人员的因素

在与客户的洽谈过程中，房地产经纪人员必须注意自己的言行举止，稍有疏忽，就有可能招致客户的不满，从而引起异议。

①服务不周。由于有些房地产经纪人员服务不周，导致客户心理不平衡，从而提出异议。

②言行不当。有些房地产经纪人员的言行举止让客户产生反感，无法赢得客户的好感。

③说话不实。有些房地产经纪人员为了说服客户，以不实的说辞哄骗客户，结果招来更多的异议。

④专业术语。有些房地产经纪人员在沟通过程中，使用了过多的专业术语，让客户觉得房地产经纪人员是在卖弄自己、抬高自己，或者让客户觉得自己无法明白并提出异议。

⑤沟通不当。房地产经纪人员沟通不当，无法把握住客户的问题点，从而产生更多的问题点，进而产生更多异议。

⑥介绍失败。有些房地产经纪人员不懂得如何向客户介绍房子，遭到客户的质疑，从而导致介绍失败。

⑦姿态过高。有些房地产经纪人员姿态过高，处处让客户难堪，使客户感觉不愉快，进而提出许多主观的异议。

(3)客户自身的因素

有时候，客户提出异议并不是因为房地产经纪人员的问题或者房源的问题，而是因为客户自身存在的问题。

①情绪不佳。当客户情绪处于低潮，或者碰到不顺心的事情时，可能没有心情与你会谈，就容易提出异议。

②心里后遗症。客户之前不愉快的购房经历会给其造成心里后遗症，从而对房

地产经纪人员表现出不合作的态度。

③拒绝改变。由于客户是一个独立的、能动的主体，有自己的购买习惯，这些习惯造成的情感方面的认识往往带有片面性，而且又难以用讲解、说服的办法来消除。

④没有需要。客户没有购买需要，即客户没有需要或者客户的购买意愿未被激发出来，房子没有引起客户的注意及兴趣。

⑤能力不足。客户没有支付能力或预算不够，比如由于房子的价格与客户的心理期望不符，或者由于客户预算不足而产生价格上的异议。

⑥斗智斗勇。客户欲借此建立谈判优势，支配房地产经纪人员。销售的过程与购买的过程，实质上是买卖双方斗智斗勇的过程，双方都希望自己处在谈判的优势地位，而这时候异议就是买房（客户）的最好保护伞。

⑦投石探路。客户希望通过异议对房地产经纪人员进行摸底，以防止房地产经纪人员对其隐瞒真实情况。

⑧借口推辞。比如客户不想花时间与房地产经纪人员洽谈。

2. 判断异议的真假

在销售过程中，客户所提出的异议可以分为真异议和假异议两种。房地产经纪人员要懂得分辨客户的异议，挖掘其真正的发自内心的想法和感受。

（1）真异议

真异议就是指客户所提出的异议是他的内心真实想法或是他的真实反对原因。这是客户表达的发自内心的真实想法，原因可能是客户对房子不满意，或者有更好的、更适合的房子，或者已经打听到该房子不是很尽如人意等。

当客户提出真实异议时，就意味着：房地产经纪人员的推介还不能让客户满意，或者客户根本不感兴趣，或者房地产经纪人员的服务让客户感到不满意。这时，房地产经纪人员首先应加强对房子的认识，多了解房子能为客户带来的利益，并积极洞悉客户的心理，为其提供更优质的服务。

（2）假异议

假异议就是指客户所提出的异议并不是他内心的真实想法，只是他在购买洽谈中应用的一个策略而已。出于各种原因，人们往往表达出假的异议，而不告诉房地产经纪人员他们不想购买的真实原因。

一般地，假异议可以分为两种：一种是客户以敷衍、借口的方式应付房地产经纪人员，其目的是不想和你真正的洽谈，因为他根本不想介入这项销售活动中；另一种是客户虽然提出很多异议，但这些都不是他们在乎的地方，如“这个户型有点过时了”，尽管这个异议得不到你的解释、回答，他也会决定购买。

（3）辨别真假异议

房地产经纪人员面对的客户异议更多的是假异议，客户总是隐藏自己的真实想法，而不告诉房地产经纪人员其不购买的真实原因。当然，除非房地产经纪人员弄清楚客户的真正异议，否则就很难说服他们购买，很难让他们信任你。因此，房地产经纪人员应该学会辨别真假异议。

①观察客户提出异议的频率。如果在间隔很短的时间里，客户提出很多次异议，就说明客户所提出的这些异议是没有经过仔细思考的假异议，他们的目的只是让你应付不过来，从而让自己摆脱销售活动。

②观察客户的反应。当客户提出异议并希望得到确凿、肯定的答案时，他们会停止说话，等待你的回应。相反，如果你提供了很详细的答案，客户却无动于衷，那么说明客户并没有提出真正的异议。

③直接向客户提问。如果你判断客户提出假异议，但却无从知道他内心的真实想法，你不妨直接向客户提问："某女士，从您对这套房子的满意程度来看，我相信您是很喜欢这套房子的，而且这套房子很适合您，价格也合理。但您似乎还有其他顾虑的地方，如果您不介意的话，告诉我真正的原因，好吗？我也好想办法帮您解决。"

3. 回答异议的时机

处理异议时，时机是很重要的，所谓"万事俱备，只欠东风"，这就是时机问题。作为一名优秀的房地产经纪人员，一定要学会在正确的时间做正确的事情，在恰当的时机回答客户异议。

①在客户尚未提出时解答。把客户的异议扼杀在萌芽阶段，是处理异议比较高明的做法。房地产经纪人员在带领客户看房的过程中，要善于观察，能判断出客户的身体语言。一旦发觉客户有可能关于某项问题提出异议，最好能够抢在客户之前主动提出来并给出解释。先发制人，后发制于人。房地产经纪人员针对一些客户有可能提出的异议，要准备相关说辞，避免客户提出异议后，房地产经纪人员再去纠正客户的观点，引起客户的不满情绪。

②异议提出后，立即回答。当客户提出异议时，绝大多数是需要立即回答的，一是出于对客户的尊重，二是可以打消客户的疑虑。对于客户关心的重要事项，处理异议后才能进行下一步工作。

③过段时间再回答。对于有些异议，房地产经纪人员可以选择暂缓回答，包括房地产经纪人员无权做主的问题，或是回答不了的问题。但房地产经纪人员一定要谨记，暂缓回答并不是不回答，不能无视客户异议，让客户觉得不受重视，而是应积极给予客户回应。例如："您提的这个问题，我们很重视，为了不打断我们的介绍，过一会儿我再回答您这个问题""这个问题提得非常好，但一会儿我会介绍到，您看过会儿再讨论，好吗？"

④暂不回答。不是所有客户的问题，都是需要回答的。有些异议反而不回答比回答更好。例如，容易造成争议的话题、明知故问的发难、异议不是三言两语解释得清楚等。对于不需要回答的异议，可以选择沉默、假装没有听见、答非所问等。

4. 解决异议的方法

异议是成功的接替，突破异议则是成功的关键。一名优秀的房地产经纪人员，必须是能够得心应手处理客户异议的专家。事实上，只要掌握一定的技巧，并经过一段时间的演练,就会发现处理客户异议并没有那么难。

(1)忽视处理法

所谓忽视处理法,即当客户提出一些反对意见,但并不是真的想要得到答案的时候,这些意见多半与客户的利益扯不上关系,也不至于给房地产经纪人员的经纪活动带来影响,只要面带笑容地表示同意,或者微笑着不作答就可以了。千万不要反驳客户的每一个意见,这样会给客户留下"故意挑他毛病"的印象。对于一些"为反对而反对"或"只是想表现自己的看法高人一等"的客户意见,房地产经纪人员只需要面带笑容,微笑着赞同就好。客户表达意见后,采用忽视并迅速地引开话题,就是房地产经纪人员最好的做法。

(2)直接反驳法

所谓直接反驳法,是指当客户提出异议时,房地产经纪人员直截了当得予以否定和纠正。如果运用得好,直接反驳可以增强客户的购买信心,给客户一个简单明了、不容质疑的解答。

(3)间接否认法

所谓间接否认法,是指在客户提出异议后,房地产经纪人员先给予肯定,然后再说出自己的观点或意见,以避免和客户发生正面冲突。

(4)缺点变优点回答

缺点变优点的回答,基本做法是:当客户提出某些不购买的异议时,房地产经纪人员能立即回复"这正是我认为您需要购买的理由",也就是房地产经纪人员能立即将客户的反对意见直接转换成他必须购买的理由。

通过缺点变优点回答的异议,大多是那些带有双面性特点的异议。使用此法的最大目的,是让房地产经纪人员能借处理异议的机会迅速地陈诉它所能带给客户的利益,就是利用客户的拒绝理由把它转化为购买理由,以引起客户的注意。

例如,客户提出房源的洗手间有点小,房地产经纪人员便可以利用缺点变优点回答来处理,正是因为这套房源的洗手间设计稍小,才能使同等面积下客厅更加宽敞。

(5)补偿法

所谓补偿法,就是指当客户提出的异议有事实依据时,房地产经纪人员应该承认并欣然接受,强行否认事实是不明智的举动。但房地产经纪人员要给客户一些补偿,比如寻找产品的其他优点来抵消产品的缺点,引导客户从产品的优势方面来考虑问题,让他取得心理的平衡。

(6)询问法

所谓询问法,就是指在客户提出异议后,先通过询问的方式,以把握客户真正异议点,然后再化解客户的异议。

(7)出其不意法

所谓"出其不意",就是不按常理出牌,而是采用常人意想不到的方式去处理异议,从而取得意想不到的效果。

五、看房后的工作

(一)回店洽谈

房地产经纪人员带客户看完房子,和业主道别以后,不要急着和客户说“再见”。客户需要时间考虑是不假,但他为什么需要考虑呢?这是因为,他还有许多的疑惑或者顾虑。如果让客户带着这些疑虑或者顾虑回家,他很有可能会出于谨慎心理而选择放弃。

房地产经纪人员在带领客户看房后,应根据客户的反应,判断客户是否有购买意向。一般情况下,如果客户看房时间颇长,对房屋瑕疵提出意见,主动对房屋的装修、家具摆放发表建议,打电话询问家人意见,主动询问价格浮动以及过户贷款问题,如果客户具备以上诸多行为之一,就可以认为客户对房屋产生了初步购买意向。

如果客户有意向,房地产经纪人员就应立即邀请客户回店洽谈。大多数客户产生购买意向,都可以理解为在房地产经纪人员的促销以及房屋本身情况的引诱下暂时性的冲动,如何让客户这种购买意向变得更加强烈以及冲动呢?最好是回店洽谈,否则不仅意向会随时间变淡,而且可能受到其他方面因素的影响。

由于已经看过房子,此次洽谈往往会更有针对性,更容易探讨实质性的问题。即使不能说服客户,也能通过洽谈更好地了解客户,知道客户更注重哪些方面的问题,从而在下次推介房源时更加具有针对性。聪明的房地产经纪人员在带领客户看房之前,通常会让其将资料、物品等先留在公司,这样就更容易在带领客户看房后把客户引回公司。

即使客户不愿意再回公司洽谈,房地产经纪人员也要将客户送走,最好是送上车,并且自己先在不起眼的地方等一段时间,以防止客户回去和业主私下接触。

(二)跟进服务

购房是一件重大的家庭决策,客户不可能轻易就下定决心,必然会用足够的时间来考虑。在这段时间里,变数会比较大。因此,带领客户看完房后,房地产经纪人员千万不要坐等客户答复,而是要认真做好客户跟踪工作。

如果客户有购买意向,应尽力撮合谈判;客户有异议,应积极予以解决;如果客户不满意,应再寻找房源,再次带领客户实地查看。很多房地产经纪人员,都是因为在带领客户看房之后没有及时跟进,导致客户和别人成交,或者错过了客户购买欲望最旺盛的沟通时机。

对客户要跟踪,对业主则要积极给予反馈,不能因为客户尚未下定决心就不予理会。每次带领客户看房后或者是每次客户有了回应之后,房地产经纪人员都应在第一时间把最新进展反馈给业主,让业主心中有数,同时让他看到你确实在非常努力地为他服务。

第四章
房地产交易合同代拟

【本章导读】

签订房地产交易合同,既是房地产经纪人员开展经纪活动的成果体现,更是房地产交易当事人之间权利义务内容的约定。本章围绕当事人签订合法有效的房地产交易合同,着重介绍房地产交易合同的基本知识、常见房地产交易合同的主要条款、当事人法律责任风险提示,以及各种交易合同的备案管理规定,以让房地产经纪人员协调当事人意见,熟练为当事人代拟合同,促成合同签订。

第一节　房地产交易合同基本知识

一、房地产交易

房地产交易是指房地产交易主体之间以房地产这种特殊商品作为交易对象所从事的市场交易活动。

根据不同标准,房地产交易有不同的分类。根据《城市房地产管理法》规定,按交易形式的不同,可分为房地产转让、房地产抵押、房地产租赁。房地产转让有无偿转让和有偿转让两种，房地产经纪活动中主要是有偿转让，包括存量房地产买卖、商品房预售、商品房现售。房地产抵押是一种为债权债务设立担保的方式，担保的债权情形多样，在房地产经纪活动中涉及交易资金的情况不多，故本章不作介绍。

按交易客体的不同，可分为单纯的土地权利交易、地上房屋及所占用土地权利交易。土地权利包括土地所有权、集体土地使有权、国有土地使用权等，我国规定土地所有权不得转让，但土地使用权可以依法取得并进行转让，这种取得和转让需要更加严格的程序。本章所讲房地产交易，仅指地上房屋及所占用土地权利交易。

房地产交易一般应遵循以下原则，来确保交易的安全、公平、合法：

①房地产交易行为是平等的民事主体之间的民事行为，应当遵循自愿、公平、诚实信用等原则。

②房屋所有权和该房屋占用范围内的土地使用权同时交易，这就是“房产权与地产权一同交易规则”。同一房地产的房屋所有权与土地使用权只能由同一主体享有，而不能由两个主体分别享有；如果由两个主体分别享有，他们的权利就会发生冲突，各自的权利都无法行使。

③房地产交易应当采用法定形式。房地产转让、抵押的当事人应当依法办理权属登记，房屋租赁当事人应当依法办理租赁登记备案。房地产的特殊性决定了实际占有或签订契约都难以成为判断房地产权利变动的科学公示方式，现在各国多采用登记公示的方法以标示房地产权利的变动。我国现行法律制度也确立了这一规则。

实务中，交易当事人应当签订书面合同，对交易标的、价款、支付方式、资金结算、房屋交接、履约时间等达成一致，并对各方具有约束力。

④房地产交易应当遵循等价交换。房地产交易就是当事人彼此让渡使用价值和实现价值的过程，这种等价交换通常表现为一方向对方支付价款而获得房地产权利。无偿转让是一种特殊形式。

二、房地产交易合同的概念和特点

(一)房地产交易合同的概念

房地产交易合同是指当事人之间就设立、变更、终止关于房地产交易事项权利义务关系的协议。

《城市房地产管理法》则对房地产交易的内涵进行了界定，房地产交易包括房地产转让、房地产抵押和房屋租赁。房地产抵押合同一般由抵押当事人直接办理，房地产经纪人员较少涉及。房地产经纪人员在日常业务中主要涉及存量房买卖合同、商品房买卖合同、房屋租赁合同。

(二)房地产交易合同的特点

房地产交易合同具有以下特点：

①合同当事人即交易当事人是平等的民事主体，一方不得将自己的意志强加给另一方，履行合同发生争议时都受到法律平等的保护。

②合同内容是当事人在自愿的基础上经过协商一致的结果，当事人不得将自己的意志强加给对方，合同以外的主体也不得横加干涉。

③房地产交易合同是有偿合同，并且是当事人双方互负对待给付义务。例如，在存量房买卖合同中，买方负有支付房屋价款的义务，卖方负有转移房屋所有权的义务。

④房地产交易合同通常是采用书面形式，当事人意思表示达成一致即告合同成立，对当事人即具有约束力。

三、合同的订立程序和主要内容

合同订立的过程，《合同法》规定"当事人订立合同，采取要约、承诺方式"。要约是当事人一方以订立合同为目的，就合同的主要条款向另一方提出建议的意思表示；承诺是当事人一方同意另一方要约的意思表示。简单而言，就是当事人经过发出信息、反复谈判而协商一致的过程。

合同内容即当事人的权利义务，往往以合同条款方式加以列举确定。根据《合同法》第十二条规定，合同的内容由当事人约定，一般包括：当事人的名称或者姓名和住所；标的；数量；质量；价款或者报酬；履行期限、地点和方式；违约责任；解决争议的方法。这些也是房地产交易合同必须具备的内容，只是在不同的交易合同中的具体表述不同。

四、合同的效力

当事人订立合同，合同成立应当满足的条件：一是合同当事人要具有相应的民事权利能力和民事行为能力；二是当事人对合同主要条款达成合意；三是内容不违反法律法规和社会公共利益。

依法成立的合同，自成立时生效。但当事人另有约定的，其合同虽然成立但没有生效，如在合同中附生效条件或者生效期限。

已经成立的合同，因为违反了法律法规的规定或存在其他法定原因，致使合同的效力存在障碍，表现为：

1. 无效合同

《民法通则》第五十八条、《合同法》第五十二条，列举了合同无效的情形。

如果合同部分内容无效，不影响其他部分效力的，其他部分仍然有效。

无效的合同，则自始、当然、确定不发生效力。因该无效合同取得的财产应当予以返还;不能返还或不必要返还的则应折价补偿;有过错的则应承担相应的责任。

2. 可撤销、可变更合同

当事人在订立合同过程中存在意思表示瑕疵,法律赋予一方当事人撤销权、变更权。当事人可以直接向对方当事人提出请求,通过协商达到撤销或变更合同的目的,协商不成则可请求人民法院或仲裁机构予以变更或撤销。

依据《合同法》《民法通则》的规定,可撤销、可变更合同的情形有:

①因重大误解而订立的合同;

②显失公平的合同;

③因欺诈、胁迫而订立的合同;

④乘人之危而订立的合同。

应当注意的是,这类合同在被撤销、被变更前依然属于有效合同。如果合同被撤销,则该合同自始没有法律约束力。

3. 效力待定合同

效力待定合同是指合同虽然已成立,是否发生效力尚不能确定,有待于其他行为或事实使之确定的合同。

效力待定的合同主要在以下几种场合出现:

①合同的当事人不具有相应的民事行为能力。限制民事行为能力人订立的合同,经法定代理人追认后,该合同有效,但纯获利益的合同或者与其年龄、智力、精神健康状况相适应而订立的合同,不必经法定代理人追认。

②无代理权而订立的合同,未经被代理人追认,对被代理人不发生效力,由行为人承担责任。

③无权处分而订立的合同,如果经权利人追认或其后取得处分权的,该合同有效。

五、合同的履行和违约责任

合同生效,即对合同当事人产生法律约束力,当事人应当按照约定或者法律的规定,全面、适当地履行合同义务。

当事人不履行或不适当履行合同义务,则应当承担继续履行、采取补救措施或者赔偿损失等违约责任。

第二节　常见房地产交易合同的代拟

房地产经纪人员在促成房地产交易过程中,不可避免地要代拟交易合同。拟定合同是房地产交易活动中的关键内容，所有合同当事人谈妥的交易条件均应该在合同中有所反映，以避免将来发生纠纷。

一、代拟存量房买卖合同

促成存量房(俗称“二手房”)交易的达成是目前房地产经纪人员的主要业务。在居间服务过程中，经过反复的沟通与撮合之后，作为促成交易达成的标志就是当事人签订存量房交易合同。

(一)准备工作

房地产经纪人员必须坚持依法经营、中立共赢的理念。应当依法从事经纪活动，同时应引导当事人合规、守法进行交易。例如，不得签订“阴阳合同”来逃避税收等。在居间服务时，房地产经纪人员应站在中立的角度积极促成交易达成，保障各方利益。

在正式签订存量房买卖合同前，房地产经纪人员应做好以下准备工作：

1. 了解当事人的主体资格

①通过查验当事人身份证明，确定当事人是否具备相应的民事行为能力。涉及无民事行为能力人或限制民事行为能力人的，应当由其法定代理人签订房地产买卖合同。

②委托代理的，代理人应当提供有效的委托手续。按规定需要进行公证或认证的，应提供证明文件。

③出卖人对出售的房地产有完全处分权。如有共有人的，应当由共有人共同签订房地产买卖合同。例如，经济适用房是否具备上市交易条件。

④买受人是否符合当地限购条件或者其他条件。例如，境外人士(机构)购买房地产有特定要求。

2. 核实交易的房地产的自然状况和权利状况

通过前期查看，再次确认房地产的自然状况。例如，坐落、建筑面积、户型及结构、装饰装修及附属设施等。

核实该房地产是否存在被有权机关查封限制、设立有异议登记或抵押权登记等不能进行买卖的情形。如果有这些情形，则不能签订买卖合同。

查验出卖人提供的房地产权属证书是否齐备。

3. 选择合同文本

房地产经纪人员需要征询当事人签订合同的具体意向。除当事人明确表示自拟合同外，应当提供房地产管理部门的(或者工商管理部门和房地产管理部门联合制定的)示范合同文本供当事人选择适用。在必须使用管理部门示范合同的地区，需要告知当事人必须签订有关部门制定的示范合同文本，否则无法办理房屋的过户登记。

同时需要告知当事人，其自拟条款可以作为合同附件或者补充协议，同样具有法律效力。

除自行拟定合同外，实践中适用的合同主要有以下两种：

①行政主管部门的示范合同文本。目前我国各地大部分城市的房地产管理部门要求买卖双方使用其（或者房地产管理部门和工商管理部门联合）制定的存量房买卖合同示范文本。重庆市国土资源和房屋管理局与重庆市工商行政管理局在2011年联合制定了《重庆市房屋买卖合同》，见附录一。

②房地产经纪机构提供的合同文本。不少房地产经纪机构也制定了房地产买卖合同参考文本，就实践中的情况看，大部分采用的是居间和买卖合一的合同，较为常见的是房地产居间买卖合同，即所谓三方合同。合同当事人包括买卖双方和经纪方。采用这类合同时一定要对当事人解释清楚所有条款的内容和含义。

（二）存量房买卖合同的主要内容

房地产经纪人员需要明确合同的基本条款和主要内容，在认真研读这些条款的基础上，根据交易双方的意思拟定合同的全部条款和附件、补充条款。

1. 存量房买卖合同的主要内容

存量房买卖合同的主要内容包括：当事人情况、所买卖房地产的基本情况、成交价格及付款方式、房屋交付及权属登记、违约责任以及双方约定的其他权利义务内容。

2. 对买卖合同重要条款的拟定和解释

①买卖双方需要填写真实的身份证明情况。

②写清房屋坐落。除说明小区名称外，一定要注明公安门牌号；如果实际门牌号与权属证书记载的门牌号不一致，应以权属证书记载的门牌号为准，但应注明实际门牌号的情况。

③标明房屋的结构和户型。如果是另单写明的，最好作为合同附件。

④有关房地产价格的约定必须明确，写明总价，指明装修或者附属设施设备的价格、物业维修基金、车库价格等是否包括在内。存量房买卖一般按套计价，如采用单价计算的则应写明单价以及面积误差的处理方式。

⑤详细说明房屋装修状况及屋内附属设施设备，特别是合同中须写明是否含固定设施和家具。如果包含在内，最好列一清单作为合同附件，以后发生争议时可以作为处理依据。

⑥房款支付方面，应明确付款时间及支付方式。当事人应按照存量房交易结算资金管理的要求自主选择“自行划转资金”或“存量房交易资金专用账户划转”方式。如涉及贷款支付房款的，房地产经纪人员应提醒当事人需要贷款的条件和相关事项的具体约定。如果是房地产经纪机构或者是房地产经纪人员协助办理贷款的，需要写明贷款办理的责任，特别是需要约定因各种原因导致贷款失败的处理办法。

⑦明确房地产交付时间及标准。如果该房屋设立有户口登记，还应明确户口迁出的时间。

⑧明确办理权属转移登记的时间。房地产经纪人员应提醒当事人有关转移登记的法律意义以及发生转移的时点。

⑨当事人约定采用担保的，房地产经纪人员应提醒当事人关于担保的方式、法律责任。一般采用定金方式较多。

⑩买卖税费的承担方式。房地产经纪人员应告知当事人房地产买卖涉及的各种税费标准、法定负担方，为当事人预算税费成本。尤其要查明房地产已取得年限是否达到5年、土地使用权取得方式、出卖人取得该房地产的原因等，这些情况不同会导致不同的税费负担。

⑪争议处理方式的选择与提示，这也是合同的必备条款。房地产经纪人员需要提示当事人在合同中约定一旦发生争议时所选择解决争议的方式。大多数地方管理部门的示范合同文本中都有争议方式选择的条款，目前示范合同中大多规定有非诉讼方式和诉讼方式，供当事人选择使用。通常非诉讼方式是调解和仲裁。如果选择仲裁，最好在合同中同时选定仲裁机构。但房地产经纪人员需要提醒当事人的是：一旦在合同中约定选择了仲裁方式解决纠纷，除法定的情况外，则不能到法院提起诉讼。

(三)法律责任及风险提示

在代拟存量房买卖合同时，房地产经纪人员需要明确告知当事人合同的效力、履行及合同签订后所需要承担的法律责任，提醒当事人谨慎、认真对待合同的签订，斟酌合同的每一个关键性条款。对于当事人不理解的地方需要进行解释，对于容易引起争议的地方需要提醒当事人特别注意。

1. 不履约的风险

要告诉当事人合同在交易中的重要作用，提醒当事人合同签订之后，一定要按照合同履行义务，一旦毁约或者不按照合同约定履行义务时需要承担的法律责任和经济赔偿责任。

2. 定金风险

对采用定金担保的，对定金条款和定金罚则予以提示。根据我国法律规定，给付定金的一方不履行约定的债务的，无权要求返还定金；收受定金的一方不履行约定的债务的，应当双倍返还定金。但需要提醒当事人，根据法律规定，如果既约定违约金，又约定定金的，一方违约时，对方可以选择适用违约金或者定金条款。如定金没有实际交付，则不适用定金罚则；实际交付改变数额的，以改变后的数额为准。

3. 产权过户的提示与其他费用的结算

房屋交付有两种：一种是实物交付，即房屋交付给购房人；另一种是权利交付，即将所有权办至购房人名下。由于产权过户需要双方当事人到登记机关办理，因此在签订存量房交易合同时,需要提示当事人约定具体的房屋的交付方式(如交钥匙)和产权过户的义务、具体过户的时间及逾期过户时违约方的责任。

签订合同时也需要特别注意有关费用的结算,如物业维修基金是否过户或者结算;水、电、气、网络、有线电视等费用的承担;物业服务费是否有欠缴及其如何结算等,以免留下后续纠纷。

4. 交付的风险与责任

在签订合同时需要明确房屋风险责任转移的时间。一些地方管理部门的示范合同有相关的条款备选,否则需要提醒当事人进行特别约定。一般常见的约定有:房屋交付之时,风险责任转移;自产权过户之日起风险责任转移。为防备一些意外风险,通常在合同中可以约定一笔尾款以作为责任担保。

5. 装修处理及附属设施设备的转让

存量房交易中装饰装修是一个重要内容。除纯粹的毛坯房买卖之外,很多存量房交易时均是带有装修的。装修是否是交易的条件或者内容,一定要在合同中表明。此外,家用电器、家具等是否一并转让或者是作价转让均须在合同中明确,最好明确家具和设施等的品牌、现状,也可以在签订合同前通过现场拍照方式说明,并在合同中约定以此作为交付现状。

6. 权利瑕疵担保的说明

卖方的权利瑕疵担保是指房屋出卖人担保其出卖的房屋所有权完全转移于购房人,其他人不能对房屋主张任何权利。即卖方需要保证其出卖的房屋是完全没有任何法律问题的。典型的状况如出卖房屋为夫妻共有财产,但房屋登记在一方名下时,需要承诺夫妻双方对出卖房屋行为的认可。另外,交易房屋是否有抵押、出租、查封等情况,均需在合同上写明,以免产生后续纠纷。对于原职工已购公有住房上市出售和经济适用房、集资房、限价房等出售的,需要说明限制交易的情况。

对于买方而言,在目前宏观调控的情况下,房地产经纪人协理需要了解当地的政策,并告知买方在签约前最好查明其是否属于限购对象,避免将来合同不能履行。

7. 税费承担方式的说明

买卖双方的税费承担方式必须在合同中明确。特别是对于双方或者一方要求签订"阴阳合同"的,一定需要提示法律风险,即合同可能无效;卖方可能无法全额收到房款;买方将来再出售时税费可能增加;可能导致的其他法律风险。

8. 对示范合同文本中空白条款的解释

管理部门制定的示范合同的大部分条款是已经事先确定好的,是不能改变的。双方当事人只能就其中的空白部分进行约定和填写。房地产经纪人员需要对已经制定好的条款进行解释,对需要填写的空白条款进行提示,并告之当事人对于示范合同文本中未写入但需要明确的事宜,可以通过合同的附加条款进行约定,并需要提示当事人附加条款和补充协议一定要双方当事人签章。

采用房地产经纪机构为双方当事人提供的格式合同文本(其自身也是合同当事

人之一)的,这类合同形式上与示范合同相似,大部分条款也是事先定好的,只需要当事人填写空白处。但由于该类合同是房地产经纪机构拟定的,且大部分情况下房地产经纪机构也是当事人,所以一定需要就所有的条款进行解释。一旦有争议,作为合同的制作方需要承担一定的法律责任。

(四)合同文本的保管与核对

合同一般需要买卖双方各执一份,房地产经纪机构也应该留存一份,此外产权过户、抵押贷款、缴纳税费等都需要合同。需要特别注意的是,不论签有多少份合同,每份合同都需要内容一致,不能有实质性的差别,而且每一份合同均需要当事人签章,否则合同的效力会受到质疑。房地产经纪人员需仔细核对每一份合同,并保存一份存档备查。如需办理抵押贷款,买卖合同的有关内容与抵押贷款合同的相关内容应对应一致,以利于贷款审批。

二、代拟商品房买卖合同

在商品房买卖中,房地产经纪人员主要是作为楼盘代理方与购房人洽谈,并在购房人确定购买所代理销售的商品房后,与购房人协商拟定商品房买卖合同的主要条款。

(一)准备工作

1. 公示销售许可文件等

商品房销售现场应当明示商品房预售许可证、开发商营业执照及资质证书、土地使用权证书、商品住房预售方案、预售资金监管银行及监管账号、代理销售的经纪机构备案证明及营业执照,以及准售及可售的房源和价格等。

如果是现房销售的,要公示土地房屋权属证书等文件。

2. 向购房人披露与开发商的关系

目前房地产项目已经初步实现了产销分离。在商品房销售中,由房地产经纪机构全程代理销售的日益增多。销售现场的售楼人员往往就是房地产经纪机构的经纪人员,但如果不表明身份,作为购房人是不知道经纪人员与开发商的关系的,往往将房地产经纪机构的经纪人员视为开发商的员工,因此可能提出一些需要开发商解决的问题和要求,而房地产经纪人员作为现场人员是无法解决的。所以,及时向购房人披露经纪人员的身份,说明自己或者经纪机构和开发商的关系,可以分清经纪机构和开发商的责任界限,有利于将来纠纷和矛盾的处理。

3. 商品房项目的主要情况及物业服务情况介绍

在签约前,房地产经纪人员应向购房人综合介绍开发商的实力与水平、开发资质等级、信誉度、项目的具体情况,特别注意介绍其房屋质量、售后服务与物业管理等情况，前期物业管理和管理规约的情况，物业服务的收费情况等。

4. **说明购房意向书的作用**

购房人确定购买意向后，很多开发商及作为销售代理人的经纪人员采取签订意向书的方式锁定客户，但这并不能够取代正式的商品房买卖合同。根据意向书的内容不同，法律上可以认定为预约合同，即约定将来签订合同的合同。如果其内容完全符合买卖合同的特征和要求，则在法律上也可以视其为买卖合同。

5. **确定合同文本**

在商品房销售过程中，房地产经纪人员需要首先提供商品房买卖合同供购房人查看阅读。在大部分地方，商品房买卖合同是政府行政主管部门制作的示范合同文本。重庆市国土资源和房屋管理局与重庆市工商行政管理局在2008年制定了《重庆市商品房买卖合同》示范文本（见附录二），并且要求采用示范文本，鼓励采用网签形式。房地产经纪人员应向购房人说明很多条款是事先确定好的，但空白条款是可以协商的，并且购房人如有特殊要求，可以签订补充条款。

一些房地产开发商有时会在正式签订示范合同文本前，要求购房人签订本公司制定的商品房买卖合同。还有开发商制定了统一、详细的补充条款。按照《重庆市城镇房地产交易管理条例》规定，商品房买卖合同格式文本及附加条款应当在工商行政管理部门备案。如使用房地产开发商制作的格式条款，需要向购房人解释清楚格式条款的含义。否则，发生争议时，会作出不利于开发公司的解释。

另外，还要了解买受人是否符合当地限购条件或者其他条件。

（二）商品房买卖合同的主要内容

根据《商品房销售管理办法》的规定，商品房买卖合同应当明确以下主要内容：当事人名称或者姓名和住所；商品房基本状况；商品房的销售方式；商品房价款的确定方式及总价款、付款方式、付款时间；交付使用条件及日期；装饰、设备标准承诺；供水、供电、供热、燃气、通信、道路、绿化等配套基础设施和公共设施的交付承诺和有关权益、责任；公共配套建筑的产权归属；面积差异的处理方式；办理产权登记有关事宜；解决争议的方法；违约责任；双方约定的其他事项。

示范文本内容详细，表述严谨，房地产经纪人员需要进行仔细解答。

（三）法律责任、合同重要条款以及风险提示

除了通常对合同效力、履约义务予以提示外，主要有：

①首先应对商品房现房销售与预售情况作出说明。按照规定，预售商品房项目是未通过竣工验收，但已取得商品房预售许可证的。商品房预售由于是销售尚未建成的房屋，因此客观上存在一定的法律风险。现售的项目是已经通过竣工验收的，重庆市的现房销售还需要办理新建房屋初始登记。

②项目土地与开发情况说明。主要是查实预售项目的土地性质、规划用途、来

源、使用年限、是否设有抵押等情况以及开发项目的具体情况。

③房屋图纸与结构等附件提示。房屋相关的图纸一般作为合同附件，为防止以后发生争议，房地产经纪人员应该告知当事人图纸应经双方认可并签章，特别是需要开发商的签章认可。

④提示预售资料与广告相关内容写入合同。根据有关规定，商品房销售广告和宣传资料所明示的事项具体确定并对商品房买卖合同的签订以及价格的确定有重大影响的，应当是合同的内容。

⑤面积误差条款的约定。作为期房，在签订买卖合同的时候，其销售的面积是预测的。最后结算的面积是以登记簿所记载的面积为准，而登记的面积为实测面积。因此，合同面积与登记面积之间可能存在一定的误差，房地产经纪人员应该提醒当事人需在合同中约定交付面积与实测面积发生误差时的处理方式，或在合同中直接约定误差解决方式适用有关部门的规定。合同中也需要约定套内面积和建筑面积、分摊的公用面积之间的误差处理方式，公用面积分摊方式应明确。

⑥预售商品房的规划、设计更改的约定。未作约定的则按照法律法规规定办理。

⑦买卖合同登记备案、预告登记、产权登记的约定。应当明确办理的时间要求和责任。房地产经纪人员要提醒三个行为的不同法律意义。在实践中，如果合同未作出约定，则按照法律法规规定办理。预购商品房办理预告登记是当事人约定事项，但需要办理预购商品房抵押权预告登记的，必须先办理预购商品房预告登记。

⑧相关费用的负担与前期物管的约定。就购买的商品房的价格，需要在合同中说明是否包含其他费用，如网络光纤、有线电视、装饰装修及设施设备费用等。由于很多地方的管理部门提供的示范合同文本将前期物业管理条款作为合同的组成部分（附件），因此在签订合同时必须就前期物业管理和管理规约进行选择或者约定。

⑨交付和保修及风险责任的约定。需要提示当事人将交付期限约定清楚。对于合理顺延期也要约定，合理顺延的理由一定要在合同中写明。明确规定除不可抗力以外，哪些理由可以延缓交付。一定要注明买方接管房屋时应按合同要求验收。要明确是否采用样板房作为房屋交付的标准。

风险责任一般约定是房屋交付后转移，但是需要就交付的程序进行约定，特别是约定一方不配合的情况下如何处理及责任认定的原则。

开发商应当向购房人提供《住宅质量保证书》和《住宅使用说明书》。

⑩定金罚则的提示。在签订定金或者定金条款时，房地产经纪人员需要告知当事人关于定金的性质和定金罚则的内容。

⑪补充条款的签订。所有的补充条款需要双方当事人同意并签章，如有关图纸粘贴的，需要盖骑缝章。

（四）商品房买卖合同的核对与保管

一般商品房销售中，为办理贷款、过户等，当事人需要签订多份合同，房地产经纪人员一定要注意合同间的一致性,特别是注意网签上传的合同和纸质合同的一致性。为防止将来产生合同争议,房地产经纪机构需要保管一份核对无误的合同存档备查。

三、代拟房屋租赁合同

房屋租赁是房地产经纪人员的日常业务之一。除国家法律法规等规定外,房屋租赁行业主要是通过合同来规范的,因此房屋租赁合同的拟定十分重要。

(一)准备工作

①查明房屋的自然状况和权利状况,明确房屋装饰装修和设施设备情况,以及是否属于禁止租赁的情况。

房地产经纪人员可以与当事人共同查看房屋,最好对出租房屋的设施设备列一份清单,或者进行现场拍照,在签约时照片可以作为合同附件。

②了解当事人的主体资格,查看必要的证明文件。例如,转租房屋的,出租人应当提供原出租人同意转租的书面证明。

③确定合同文本。房地产经纪人员需要征询当事人签订合同的具体意向。除当事人明确表示自拟合同外,应当提供房地产管理部门的(或者工商管理部门和房地产管理部门联合制定的)示范合同文本供当事人选择适用。同时需要告知当事人,其自拟条款可以作为合同附件或者补充协议,同样具有法律效力。

a. 行政主管部门制定的示范合同文本。重庆市国土资源和房屋管理局与重庆市工商行政管理局在 2013 年联合制定了《重庆市房屋租赁合同》,见附录三。

b. 房地产经纪机构提供的合同参考文本。不少房地产经纪机构制定了房屋租赁合同,就实践中的情况看,大部分采用的是居间和租赁合一的三方合同。

(二)房屋租赁合同的主要内容

房屋租赁合同一般包括以下内容:房屋租赁当事人的姓名(名称)和住所;房屋的坐落、面积、结构、附属设施、家具和家电等室内设施状况;租金和押金数额、支付方式;租赁用途和房屋使用要求;房屋和室内设施的安全性能;租赁期限;房屋维修责任;物业服务、水、电、燃气等相关费用的缴纳;争议解决办法和违约责任;其他约定。

根据《城市房地产管理法》规定,租赁期限、租赁用途、租金及交付方式、房屋的修缮责任是房屋租赁合同的必备条款。

(三)法律责任、合同主要条款及风险提示

除了通常对合同效力、履约义务予以提示外,还有:

①房屋租赁是一项民事行为,作为承租人和出租人的权利义务主要是通过合同确定的。在代为拟定租赁合同时,需要告知当事人国家的有关规定,尤其是禁止性的

规范,如关于人均租住建筑面积不得低于当地人民政府规定的最低标准,保障房出租、群租等问题,在签订合同前必须要解释清楚。

②房屋租赁押金的支付与作用说明。房屋租赁通常需要支付一定的押金,其作用主要是担保租金的按时交付和房屋、设施设备的合理使用。房地产经纪人员在代拟合同时特别需要提醒当事人,押金的数额应该适当,过高不利于承租人,过低不利于出租人。

③房屋装饰装修与设施设备处理。需要告知当事人合同中要明确是否同意承租人另行装修,如果同意承租人装修,还需要约定租赁合同到期时装饰装修物的处理办法。

④租金交付方式的说明。合同中需要明确租金的支付方式,如月付、季付、年付等,如何支付及迟延支付的责任。

⑤维修责任的约定。房屋及其设施设备的维修责任需要约定,如没有特别的约定,维修责任由出租人承担。

⑥税收责任的约定。按照目前的规定,房屋出租需要缴纳相关的税费。纳税是出租人的义务,但由于实践中很多出租人不愿意缴纳,因此房地产经纪人员需要提醒当事人在合同中一定要约定相关的法律责任,以免日后引发争议。

⑦物业费等费用的缴纳约定。通常水、电、气、有线电视、电话、上网等费用均是由承租人缴纳的。但为防止发生争议,最好在合同中就此作出明确约定,特别是物业费需要特别约定。

⑧转租约定的提示。出租的房屋是否能够转租需要在合同中约定,否则不能转租。

⑨租赁结束的责任约定。房屋租赁合同应约定租赁期结束时房屋、设施设备的交付和验收程序等要求。特别需要提示当事人的是,在合同未到期时双方合意解除合同或者撤销合同,应约定如何处理房屋装饰装修以及设施设备,或者由哪一方承担装饰装修以及设施设备补偿;在合同无效的情况下,装饰装修以及设施设备如何处置,或者装饰装修以及设施设备补偿的承担方式;正常的合同履行期满,装饰装修以及设施设备的处理方法。

⑩优先购买权提示。按照我国法律规定,承租人具有房屋的优先购买权。因此,房地产经纪人员在代拟合同时需要对当事人双方说明以下问题,以免房屋出租期间产生纠纷。

a. 承租人的优先购买权行使条件。优先购买权是指房屋租赁期间出租人出售租赁房屋的,承租人在同等条件下的才可以行使,但房屋出租人应当在出售前合理期限内通知承租人。房地产经纪人员应告知当事人在合同中对此进行约定。

b. 承租人行使优先购买权的司法限制。按照最高人民法院的司法解释,承租人的优先购买权是有一定限制的,下列情况下,房屋承租人的优先购买权法院不予保护:房屋共有人行使优先购买权的;出租人将房屋出卖给近亲属,包括配偶、父母、子女、兄弟姐妹、祖父母、外祖父母、孙子女、外孙子女的；出租人履行通知义务后，承租人在15日内未明确表示购买的；第三人善意购买租赁房屋并已经办理登记手续的。因此需要提示当事人注意，并在合同中进行相关条款的约定，以及时保护自己的权利。

(四)合同的核对与保管

为避免将来发生争议，房地产经纪机构应当仔细核对合同的条款，保证每一份合同条款的一致性，并留存一份存档备查。

第三节　房地产交易合同的登记备案

一、存量房买卖合同的备案

虽然国家目前没有规定存量房买卖合同一定要备案，但不少地方相继出台了一些规定，要求当事人办理存量房买卖合同备案，或者是进行合同的网上备案。重庆市尚无具体规定。

(一)存量房买卖合同网签

1.存量房买卖合同网签和备案

目前有不少地方均规定了存量房交易必须网上签合同、网上备案。一些地方房地产管理部门给予合法备案的房地产经纪机构密钥，授权房地产经纪机构代为办理存量房买卖合同的网签和备案。因此，房地产经纪人员需要在签约前事先查询当地的规定并告知当事人，特别需要提醒当事人网签或备案的法律后果，是否可以撤销网上签约或者网上备案，撤销的程序以及撤销的障碍和法律后果。

2.告知当事人网上备案的程序

房地产经纪人员需要详细了解房屋所在地存量房买卖合同网上备案的办理程序，并告知当事人按照规定的要求准备材料并办理备案。

3.协助当事人准备网签的材料

按照房屋所在地房地产管理部门规定的要求协助当事人准备网签材料。为防止将来发生争议，补充条款和附件也需要作为备案的材料，如果对此有争议可以备查。

(二)协助当事人办理纸质合同备案

一些城市的房地产管理部门除规定需要网签合同外，还规定需要办理纸质合同的备案。因此，房地产经纪人员在协助当事人办理完网签合同之后，应该督促或者代理当事人及时办理纸质合同的备案,以免影响后续过户登记手续的办理。

二、商品房买卖合同登记备案

预购商品房订立的商品房买卖合同必须进行备案登记,这是《城市房地产管理法》的规定。《重庆市城镇房地产交易管理条例》第十九条也规定预售商品房应当办理登记备案,未经登记备案的商品房买卖合同不得对抗第三人。申请办理预购商品房买卖合同登记备案手续是房地产开发商的义务,一般由房地产经纪人员来办理。

1. 登记备案的方式

重庆市办理商品房买卖合同登记备案有两种方式:

①网上登记备案。已实行商品房买卖合同网上签约、联机备案的地区,预售人与预购人应当网上签订合同,同时将合同的基本信息传送给房地产交易管理机构进行网上登记备案。预购人网上登记备案后可以到房屋所在地房地产交易管理机构领取预购商品房买卖合同登记备案证明。

②纸质合同登记备案。未实行商品房买卖合同网上签约、联机备案的地区,预售人应当在签约之日起 15 日内向房屋所在地房地产交易管理机构申请办理登记备案手续。房地产交易管理机构应向买卖双方出具预购商品房买卖合同登记备案证明。

2. 办理商品房买卖合同登记备案应提交的资料

办理商品房买卖合同登记备案,应当提交的资料主要有:开发商的营业执照、资质证明、纸质合同、房款支付凭证及监管银行凭证、预购人身份证明、委托手续等。

3. 推荐购房人办理商品房预告登记

一些城市将预告登记和备案登记合二为一,在合同中要求当事人办理。如一方不配合办理,另一方可以单独办理。

三、房屋租赁合同登记备案

1. 办理房屋租赁合同登记备案的有关规定

《城市房地产管理法》和《重庆市城镇房地产交易管理条例》都规定租赁合同订立后 30 日内,租赁当事人应当到房地产所在地房地产管理部门办理房屋租赁合同登记备案,同时还规定了登记备案的变更、遗失补办的情况。

房地产经纪人员需要及时告知当事人有关登记备案的规定并协助当事人办理。

2. 申请办理房屋租赁合同登记备案应提交的材料

申请办理房屋租赁合同登记备案,应当提交的材料包括:房屋租赁合同、当事人身份证明、房屋权属证书或其他合法权属证明以及主管部门规定的其他材料。

3. 提示当事人登记备案的法律责任

按照规定,不办理登记备案或者租赁登记备案内容发生变化而不办理变更、注销等备案手续的,可以进行行政处罚,如责令限期改正、处以罚款等。因此需要提示当事人可能产生的法律责任与后果。

4. 告知当事人缴纳相关税费

目前房屋租赁的税费规定是由出租方承担的,因此需要明确告知其法律义务,并具体约定交付的方式。

第五章
房地产交易资金结算

BROKERS

【本章导读】

房地产因其价值量巨大、交易形式多样、交易程序复杂、完成交易周期较长、交易资金监管政策性强，交易资金的安全已成为交易当事人最为担心的事情。严谨、合法、高效的房地产交易资金的结算制度，是维护交易当事人权益的有效保证。本章围绕保障房地产交易安全，避免资金风险，来着重介绍房地产买卖、房地产租赁所涉及的资金种类及作用、资金交割方式、交易资金监管制度，特别是针对房地产经纪机构和交易保证机构的第三方专用账户划转结算模式作了详细阐述。

第一节　房地产交易资金

一、房地产交易资金的形式

房地产交易资金就是房地产交易中涉及的交易价款以及履约担保、税费、服务费等钱款的总称。按照资金的不同作用，有交易价款、定金、押金（保证金）、税费、服务费等形式。

1. 交易价款

房地产交易价款包括房地产买卖价款、房地产租金，是房地产交易当事人参照市场交易平均价格水平，结合交易房地产的供求状况、区位、用途、新旧程度、周边配套等因素，经过双方充分谈判协商一致的成交金额。可以采用单位面积计价，也可以采用套、幢整体计价。

交易价款可以分解为预付款、主要价款、尾款。

预付款是买受人（承租人）在房地产交易协议达成后但未交接房屋或申办手续时先行支付部分价款给对方，其目的是表达履行合同的诚意或者解决对方周转资金短缺。预付款不具有担保合同履行的作用，也不能证明合同的成立。收受预付款一方违约，只需返还所收款项，而无须双倍返还。

尾款是指买受人（承租人）在交易完成后尚未结清的小额价款。其目的是便于买受人（承租人）督促对方按约定办理登记手续、结清交易税费、结清欠交的物管等使用费用，也可以使得买受人有更长的时间筹集资金。

2. 定金

定金是当事人在合同订立或在履行之前支付的一定数额的金钱作为担保的担保方式。

定金由交易当事人约定，且只有合同当事人将定金实际交付给对方，定金才能成立。

定金有十分重要的作用和法律后果，一是担保合同履行，属于债的担保；二是证明合同成立。如果交易当事人一方不履行合同，则应按照“定金罚则”承担责任，即给付定金方不履行合同义务的，无权请求返还定金；接受定金方不履行合同义务的，双倍返还定金。当事人一方不完全履行合同的，应按照未履行部分所占合同约定内容的比例来适用定金罚则。

定金的数额原则上是由当事人约定的，但担保法对其最高限额又作了限定，即不能超过主合同标的额的20%。司法解释规定，当事人约定的定金数额超过主合同标的额的20%的，人民法院对超过部分不予支持。意图显然是限制给付数额过大的定金，将定金的惩罚限定在一定的限度内。

3. 押金（保证金）

押金，实务中也称保证金、风险抵押金等。押金是交易当事人双方约定由一方将一定钱款存放在对方处以保证自己的行为不会对对方利益造成损害，如果造成损害，则可用此钱款据实支付或另行赔偿。在双方法律关系不存在且无其他纠纷后，则押金应予以退还。

关于押金的性质，在理论界也有不同的见解，押金具有代偿和担保的作用。押金不同于定金，定金的适用范围不受限制，而押金只适用于租赁合同等有限的合同中。

在房地产租赁中，出租人通常要求承租人交纳押金，当承租人对出租房屋及设施设备造成损害、欠交物管等使用费、拖欠租金时，出租人用押金来代偿或抵扣；如果承租人不履行合同,押金也可以冲抵违约金。在租赁关系存续期间,承租人不可以请求返还押金。当合同关系终止,且无合同债务不履行情形的,承租人可以请求退还押金;对于超过法定限额的押金余额,出押人无论何时都有返还请求权,或者通知受押人予以抵充。对于债务人不履行合同义务,债权人对押金优先受偿后的余额,出押人仍有返还请求权。当事人之间关于没收押金的任何约定,都是无效的。

4. 房地产交易税费

在现代社会,税收是政府实施调节的基本手段,通过对国民经济生产、分配、交换和消费各个环节的调节,实现对经济利益、收入分配以及社会总供需平衡等多方面的调节。房地产交易环节的税收调节作用更为突出,通过法定程序增加税收,能有效抑制房地产消费;予以税收优惠,则可以刺激房地产消费。根据宏观调控的需要,房地产交易的税收种类、税率、减免条件等往往不同。

房地产交易规费,是房地产管理部门为房地产交易当事人提供相应服务而直接向受益者所收取的费用,如登记费、手续费等。这些行政规费仅在于弥补为提供公共服务支出的费用,不以增加政府收入为目的。

房地产税费一般是在办理房地产转移登记时向税务部门、房地产管理部门直接缴纳,或通过银行窗口代收。

5. 服务费

服务费是指房地产经纪机构为交易当事人提供经纪、代理、咨询等服务,依据经纪机构与当事人的合同约定而收取的有偿服务费。服务费通常在服务结束时由经纪机构一次性收取。

6. 订金、诚意金

在房地产交易实务中,还会遇到订金、诚意金等说法。订金、诚意金实际上是房地产交易当事人、经纪机构自创的术语,缺乏法律上的意义,并受到相关部门的严格管制。

订金不同于定金,在司法实践中,交付订金则视作交付预付款,在签订交易合同后,订金应即时返还或冲抵房款。从法律上来讲,即使订金给付方违约,收受方也应予以退还。

诚意金,即意向金,实际上是一种营销手段。在收取“诚意金”的同时,对购房者许诺一定的优惠,刺激购房者的积极性;另外,通过收取“诚意金”,只是提供一种与买房相关的潜在机会,确定购房者选房的先后顺序。

二、交易资金的支付方式

根据交易当事人自身的资金筹集情况,以及对交易风险的判断和承受能力,当事人的交易资金支付有多种方式。

1. 一次性付款和分期付款

一次性付款是指付款方在约定时间内一次性付清全部价款。资金筹集充足、总价款不高的，一般采用一次性付款，有利于达成交易、提高效率。不足之处是房地产交易的资金风险相对集中。

分期付款是指付款方按照协议约定的期限按价款比例分期支付给对方的方式。付款方可以有更宽余的时间筹集资金，也能分散资金风险，而收款方则存在资金不能及时获取收益以及房地产转移登记后能否按时收到资金的风险。

2. 自有资金支付和贷款支付

自有资金支付，是付款方以自有资金来支付交易的价款。付款方有足够的资金，也没有其他投资计划的，采用自有资金支付则可以免去利息支出，降低交易成本。

贷款支付，就是付款方以自有资金支付部分价款，不足部分通过向金融机构申请贷款来支付，且一般以交易的房地产设立抵押担保，就是通常所称的“按揭”。是否采用贷款方式支付，一方面取决于付款方是否符合金融机构的贷款条件，包括其收入情况、信用情况、金融机构的信贷计划等；另一方面要看付款方的资金需求，自筹资金不足或者有更多的投资理财计划的，通常要申请贷款来支付。

3. 现金支付和转账支付

现金支付是以现金直接向对方支付，定金、押金、小额房屋租金、预付款等通常以现金支付。以现金支付的，需要对方出具收款凭证。

转账支付是付款方通过在银行的结算账户将价款从其账户划转到收款方账户完成货币收付。在现代社会，绝大多数商品交易和货币支付都通过转账结算的方式进行，可以做到更安全、快速。转账方式应用范围非常广泛，同城与异地、单位账户与单位账户之间、单位账户与个人账户之间、个人账户与个人账户之间均可以进行转账结算。完成转账的方法有很多，可以通过网上银行办理、银行柜台办理、POS 机转账、ATM 机转账（个人之间 5 万元以下）。

通过转账支付的，要注意以下几点：一是，有些转账业务需要额外支付银行手续费；二是，单位账户与个人账户之间转账，应当按照银行的规定提供相应的证明；三是，办理转账时要核对账户信息，完成转账后应当保留转账凭证。

第二节 房地产交易资金的交割

房地产交易完成后，交易当事人就要按照合同约定办理资金交割，即付款人将资金支付给收款人。交易资金种类不同，或当事人基于风险评估等因素，而采用不同的资金交割方式，总体上有两种：交易当事人自行交割和通过第三方在银行开设的客户交易结算资金专用存款账户（以下简称为第三方专用账户）划转交割。

一、交易当事人自行交割

一般而言，金额不大、时效性强的资金都是当事人之间自行交割。如定金、押金、租金、服务费、订金（诚意金）等由当事人自行交割，税费也是由当事人或者受托申办权属登记的代理人直接到相关部门缴纳。而房地产买卖的价款交割，当事人通常会选择自行交割或者通过第三方专用账户划转交割。

1. 商品房买卖房款自行交割

购房者与房地产开发企业达成房地产买卖协议后，购房者直接将房款一次性或分期支付给开发企业。如采用贷款支付部分房款的，金融机构在贷款发放后根据购房者的授权将贷款划转到开发企业账户。

商品房预售资金监管不属于第三方专用账户划转交割方式，而是在当事人自行交割房款后，由有关部门或机构对开发企业账户内的预售资金予以监管，防止资金被挪作他用从而造成烂尾楼。开发企业须将预售资金（包括定金、首付款、后续付款、贷款付款）存入银行专用监管账户，不得随意支取、使用，只能用作本项目建设，以确保如期顺利竣工交房。房地产行政主管部门会同银行等机构对商品房预售资金实施第三方监管。

《重庆市城镇房地产交易管理条例》规定，商品房预售人应当从发放该项目按揭贷款的银行中选择一家银行作为预售资金监管银行，并设立预售资金监管账户，预售资金由预售资金监管账户开户银行代为收取，预售资金由预售人、预售资金监管银行、工程监理机构共同监管。还规定了预售资金应当用于预售项目的工程建设，在项目竣工验收备案前，预售人不得将预售资金挪作他用，并规定了预售资金使用程序。

总的来看，商品房买卖房款自行交割方式方便快捷，风险相对较小，也有利于开发企业加快资金回收，推进建设进度。

2. 存量房买卖价款自行交割

在存量房买卖过程中，当事人对交易中的风险进行评估后，双方协商一致，可以通过合同约定由当事人自行支付房款，即由买受人直接将房款一次性或者分期支付给出售方，如采用贷款支付部分房款的，金融机构在贷款发放后根据购房者的授权将贷款划转到对方账户。

根据《重庆市存量房交易结算资金账户管理暂行办法》的规定，当事人选择自行划转交易结算资金的，办理房地产转移登记时还应提交《存量房交易结算资金自行划转声明》。

存量房交易结算资金自行划转声明

卖方：________________ 身份证件号码：______________________________

买方：________________ 身份证件号码：______________________________

兹有买方向卖方购买坐落于重庆市______区（县）________________________

的房屋，《房地产权证》证号为：________________，房价款为人民币______元（大写金额：________________）。

买卖双方在认真阅读重庆市国土资源和房屋管理局、中国人民银行重庆营业管理部共同制定发布的《重庆市存量房交易结算资金账户管理暂行办法》后，经双方协商决定自行划转交易结算资金，特签署本声明。在交易过程中发生的资金及权属风险由买卖双方自行承担。

买方(签字)：　　　　　　　　　　卖方(签字)：
代理人(签字)：　　　　　　　　　代理人(签字)：
联系电话：　　　　　　　　　　　联系电话：
日期：　　　　　　　　　　　　　日期：

存量房买卖房款自行交割的优点是：一是方便快捷，当事人省去了与第三方机构签订协议、资金多次划转等烦琐事务，资金结算也更快；二是节约交易成本，不需要支付额外的资金结算手续费。但这种交割方式的风险相对较大，由于在办理房地产转移登记以及房屋交接的过程中可能出现当事人反悔、房地产被依法限制等意外情况，则已交割资金的买方的权益就会受到损害；反之，在已完成房地产转移登记后，未收到房款的卖方承担着资金风险。

当事人自行交割时应注意以下几点：一是，在买卖合同中明确约定自行交割资金，并要签订《存量房交易结算资金自行划转声明》；二是，合同约定的资金交割时间已到，或者约定的交割条件已具备；三是，共同到银行柜台（或自助银行）办理资金转账，或通过网上银行办理；四是，保存好付款凭证。

二、第三方专用账户划转交割

1. 建立第三方专用账户划转交割的必要性

由于房地产的巨大价值，且房地产买卖的完成是以转移登记办结为标志，而权属登记需要必要的工作时限，客观上给当事人带来权属登记风险或资金风险，资金安全已成为双方最为担心的问题。同时，社会诚信建设还不尽人意，个别当事人恶意欺诈的现象时有发生。另外，房地产经纪机构良莠不齐，占用、挪用客户资金或吃差价的情况时有发生，甚至引发社会不稳定事件。在存量房买卖中建立第三方专用账户划转交割资金的机制，可以实现信息透明、交易规范、安全保障、便民利民。

2. 第三方专用账户资金的性质

根据建设部、中国人民银行关于《加强房地产经纪管理规范交易结算资金账户管理有关问题的通知》（建住房〔2006〕321 号）规定，客户交易结算资金专用账户内的交易结算资金独立于房地产经纪机构或交易保证机构的固有财产及其管理的其他财产，也不属于房地产经纪机构或交易保证机构的负债，交易资金的所有权属于交易当事人。《重庆市城镇房地产交易管理条例》也作出了相同的规定。

3. 第三方专用账户的模式

多年来，各地对第三方专用专户监管制度进行了多种模式的探索。

银行监管模式，如建设银行曾推出“百易安”交易资金托管业务，建设银行受交易双方的委托托管交易资金。但由于银行不具备房地产交易的专业知识，这种模式逐渐淡出。

政府监管模式，即由房地产管理部门下属机构对存量房租售资金进行监管。但因牵涉烦琐细节，且有一定的专业性，政府部门人手有限，效果不甚理想，这一模式未获进一步推广。

中介、银行、客户三方独立账户共同监管模式，现演变成房地产经纪机构在银行开设的客户交易结算资金专用存款账户划转交易资金。

独立第三方模式，资金由第三方独立监管是国际上较为普遍的模式之一，大量存在于欧美，我国香港地区亦是如此。由于其独立性，有可能成为主流的监管模式。建设部、中国人民银行《关于加强房地产经纪管理规范交易结算资金账户管理有关问题的通知》中明确提出发展交易保证机构，专门从事交易资金监管。

4. 第三方专用账户划转方式的优缺点

通过第三方专用账户划转资金，尤其是房地产经纪机构或交易保证机构等专业机构的参与，能有效规避风险，解决了当事人对资金风险的担忧，能促进交易、保障安全。但也存在增加交易成本、结算时间适度延长、手续复杂烦琐等不足。

第三节　第三方结算交易资金实务

根据建设部、中国人民银行《关于加强房地产经纪管理规范交易结算资金账户管理有关问题的通知》（建住房〔2006〕321 号），重庆市国土房管局、中国人民银行重庆营业管理部共同制定了《重庆市存量房交易结算资金账户管理暂行办法》（渝国土房管发〔2008〕号）第三方专用账户划转结算主要有房地产经纪机构专用账户和交易保证机构专用账户划转结算两种模式，有的地方也采用房地产主管部门下设机构或其专设的监管机构进行划转结算房款。

下面以重庆市为例，根据《重庆市城镇房地产交易管理条例》，建设部、中国人民银行《关于加强房地产经纪管理规范交易结算资金账户管理有关问题的通知》，《重庆市存量房交易结算资金账户管理暂行办法》的规定，对第三方专用账户划转结算交易资金实务作一介绍。

一、一般规定

1. 交易当事人自行选择，任何部门或机构不得强制

既包括房地产交易资金支付方式由当事人约定，也包括客户交易结算资金交付的条件和具体方式应当由当事人在房地产经纪合同、房地产买卖合同、存量房交易结算资金划转协议中约定。

2. 客户交易结算资金专用存款账户资金的性质

该资金独立于房地产经纪机构或交易保证机构的固有财产及其管理的其他财产，也不属于房地产经纪机构或交易保证机构的负债，其所有权属于交易当事人。

若有关部门对客户交易结算资金专用存款账户进行冻结和扣划，开户银行、房地产经纪机构或交易保证机构有义务出示证据以证明交易结算资金及其银行账户的性质。

3. 专户专用、专款专用

房地产经纪机构或交易保证机构必须在银行开立客户交易结算资金专用存款账户，用于存量房交易结算资金的存储和划转。资金划转通过银行转账方式进行，不得支取现金。

房地产经纪机构、交易保证机构和房地产经纪人员不得自行或委托其他经济组织通过“专用账户”以外的其他银行结算账户代收代付交易资金。

房地产经纪机构和交易保证机构每居间或代理一次存量房买卖业务，均应在开设“专用账户”的银行按房产的买方分别建立子账户。

4. 强化机构管理

①加强房地产经纪机构的资质备案公示管理；

②对房地产经纪机构或交易保证机构开设专用账户实施备案管理。

5. 信息公开

设立专用账户的房地产经纪机构或交易保证机构与银行签订合作协议后，其相关信息由市评估经纪协会主管部门在官方网站进行信息发布。

房地产经纪机构及其分支机构应当在其经营场所的醒目位置公示其交易资金监管方式。

专用账户应当向交易双方当事人公开，供交易双方当事人查询和监督。

6. 强化监督

建立政府部门监管，行业自律，新闻媒体、社会公众监督的有效机制。

房地产管理部门应当采取定期或不定期检查的方式，对房地产经纪机构或交易保证机构的客户交易结算资金专用存款账户的开立和执行情况加强监管。

开户银行应按照其与房地产经纪机构或交易保证机构的约定，加强对专户资金划转的监督，确保存量房交易结算资金专款专用。

监管过程中发现房地产经纪机构或交易保证机构有违反规定或侵害当事人合法权益行为的，应当赔偿当事人的经济损失，并对其违法违规行为予以公示。

7. 收费

房地产经纪机构从事存量房交易结算资金划转业务不得另行收取任何费用；交易保证机构从事存量房交易结算资金划转业务可以收取适当费用，收费标准由市物价部门确定。

二、工作程序

房地产经纪机构或房地产交易保证机构开展存量房交易结算资金划转业务有两个工作阶段，包括开设专用账户阶段和资金划转结算阶段。

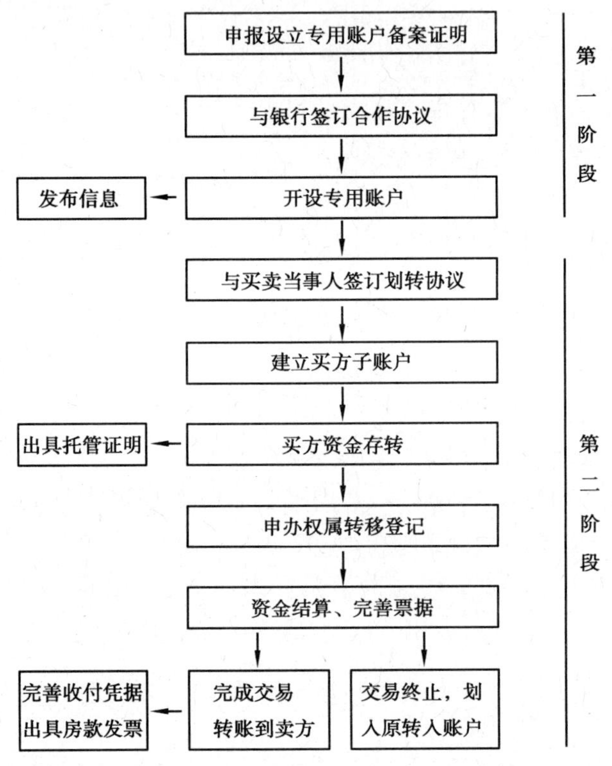

第三方专用账户资金结算流程图

1. 申办《设立专用账户房地产经纪机构或交易保证机构备案证明》

房地产经纪机构或交易保证机构开立专用账户之前，应向房地产管理部门申报，由房地产管理部门对申报单位是否能取得备案证明进行审核。经审核合格后，发放备案证明。

设立专用账户房地产经纪机构或交易保证机构备案证明

____________________公司（工商营业执照编号：________________）符合“存量房交易结算资金专用存款账户”设立条件，已经备案。

本备案证明仅供房地产经纪机构或交易保证机构与银行签署合作协议、设立“存量房交易结算资金专用存款账户”使用，不作为其他资格证明。

年　月　日

主城区房地产经纪机构应向市国土房管局申报备案，具体备案工作由市国土房管局委托评估经纪协会办理；其他区县应向当地房地产管理部门备案；交易保证机构应向市国土房管局申报备案。

房地产经纪机构或交易保证机构申请取得备案证明应具备以下条件：

(1)房地产经纪机构

①注册资本不低于50万元；

②已取得重庆市国土资源房屋评估和经纪协会颁发的B级资质证书，从业年限不低于2年(以取得资质证书时间为准)；

③熟悉房地产交易市场的相关法律法规，有健全的管理制度，其信用档案无不良行为记录；

④房地产行政主管部门规定的其他条件。

(2)交易保证机构

①注册资本不低于500万元；

②不得从事房地产经纪业务；

③熟悉房地产交易市场的相关法律法规，有健全的管理制度，其信用档案无不良行为记录；

④房地产行政主管部门规定的其他条件。

2. 与银行签订合作协议，开立专用账户

房地产经纪机构或交易保证机构与银行签订合作协议，虽然各家银行协议文本不同，但都应明确资金划转方式、具体条件和程序等内容。

银行应按照《人民币银行结算账户管理办法》《人民币银行结算账户管理办法实施细则》的有关规定，严格审查房地产经纪机构或交易保证机构提交的开户资料，符合开户条件的，银行应为房地产经纪机构和交易保证机构开立“专用账户”。

一家房地产经纪机构或交易保证机构(含设立连锁门店等分支机构的)只能开设一个专用账户。专用账户名称为“××房地产经纪机构(或交易保证机构)客户交易结算资金”，预留银行印鉴名称应为“××房地产经纪机构(或交易保证机构)财务专用章”，该财务专用章下加刻“客户交易结算资金”字样，以区分资金用途。

3. 与当事人签订协议，建立子账户

买卖双方当事人约定通过专用账户划转交易结算资金的，买卖双方应与房地产经纪机构或交易保证机构签订《存量房交易结算资金划转协议》。

存量房交易结算资金划转协议

买方(甲方)：______________________身份证件号码：__________________________

卖方(乙方)：______________________身份证件号码：__________________________

房地产经纪机构或交易保证机构名称(丙方)：________________________________

按照重庆市国土资源和房屋管理局、中国人民银行重庆营业管理部联合制定发布的《重庆市存量房交易结算资金账户管理暂行办法》的相关规定，甲方将存量房交易结算资金____________元(大写金额：______________)存入丙方在____________

银行开设的存量房交易结算资金专用存款账户(专用账号:____________________)下的子账户,甲、乙、丙三方现将有关事项约定如下:

一、权属转移登记业务办理完毕后,乙方到丙方处办理资金划转手续。经甲方和丙方共同签章,开户银行通过转账的方式将子账户资金划入乙方的个人银行结算账户。

二、甲乙双方交易未达成或在办理转移登记手续过程中终止登记的,甲方到丙方处办理资金退还手续。开户银行通过转账的方式将资金划入甲方的原转入账户;甲方以现金存入的,转入甲方个人银行结算账户。

三、其他约定:

甲方(签字):　　　　乙方(签字):　　　　丙方(签章):

年　　月　　日

房地产经纪机构和交易保证机构每居间或代理一次存量房买卖业务,均应在开设"专用账户"的银行按房产的买方分别建立子账户。交易当事人无个人银行结算账户的,可根据需要在银行开立个人银行结算账户。

4. 存转资金,出具托管证明

房产买方应将资金存入或转入专用账户下的子账户,房地产经纪机构或交易保证机构向买卖双方出具《存量房交易结算资金托管证明》。

存量房交易结算资金托管证明

卖　方		买　方	
身份证件号码		身份证件号码	
房屋坐落		原房地产权证号	
房地产经纪机构或交易保证机构名称			
房地产管理部门批准设立专用账户备案证明号			
开户银行名称			
专用账号			
房价款总金额:　　　元(大写金额:　　　)。其中:　　　元(大写金额:　　　)已存入专用账户;其余　　　元(大写金额:　　　)采取按揭贷款,银行已出具批贷证明。			

经办人:　　　　　　　联系电话:

__________房地产经纪机构或交易保证机构(盖章)

年　　月　　日

5. 申办房地产转移登记

买卖双方当事人到土地房屋权属登记部门办理权属转移登记手续。除提交申请办理房地产转移登记的必要要件外，还应提交《存量房交易结算资金托管证明》和银行出具的存款证明。

6. **办理资金结算，完善票据**

权属转移登记业务办理完毕后，买方按照《存量房交易结算资金划转协议》的约定办理资金划转手续。开户银行方可通过转账的方式将子账户资金划入房产卖方的个人银行结算账户。卖方应当出具收款凭证，必要时应到税务机关开具发票。

买卖双方当事人交易未达成或在办理转移登记手续过程中终止登记的，买方按照《存量房交易结算资金划转协议》的约定办理资金退还手续。开户银行通过转账方式将资金划入房产买方的原转入账户；买方以现金存入的，转入买方个人银行结算账户。

三、进一步发展第三方专用账户划转结算模式

虽然第三方专用账户划转结算模式能有效保障房地产买卖资金安全，维护各方当事人的权益，有关部门也制定了制度措施并大力推广。但在实际生活中，当事人更多选择自行交割房款而不选择第三方划转结算，其主要原因有：

①第三方划转结算程序烦琐复杂，工作效率低；

②房地产经纪机构、交易保证机构、银行没有形成合力，各行其是；

③宣传推广不力。

要进一步作好第三方划转结算工作，应从多方面入手：

①加大有效推广力度；

②充分利用网络技术，简化工作流程，提高工作效率；

③整合各方资源，搭建全市统一的划转结算平台；

④与房地产登记系统紧密结合，及时为第三人提供更多便利；

⑤围绕第三方划转结算开展新的服务内容，比如设定抵押权的房地产买卖便捷通道等。

第六章
房屋的查验和交接

BROKERS

【本章导读】

房屋的查验和交接是房地产交易的最后一个环节，也是必不可少的一个环节。本章主要介绍存量房和商品房房屋查验和交接的操作要点、注意事项、规范要求，以及使用环节的相关税费、交易记录等内容。通过本章学习，可以掌握房屋查验和交接的基本技能，有利于提高房地产经纪人员的房屋经纪能力。

房屋查验，顾名思义就是对房屋"质"和"量"的检查验收。由于效用是体现房地产价值的重要因素，所以凡与效用相关的内容均可在查验范围之内，如房屋本体、环境、附属设施设备、权益以及相关规费的缴交等。房屋查验服务于多种目的，如房地产估价、安全鉴定、房地产经纪和物业管理等。这里主要讲的是房地产经纪活动中的房屋查验。房地产经纪活动中的房屋查验可以分为两类，即验房专项委托和房屋交接环节的查验。本章主要讨论房屋交接环节的查验。

验房专项服务是指房地产经纪机构或其他相关专业人员接受委托人的专项委托，对房屋本体、设施设备、环境、权益及相关规费缴交情况的整体查验，也可以根据委托只查验部分项目。查验人只对委托主体负责，查验后出具查验报告即完成任务，与上下游服务无关。

房屋交接环节的查验，按照《中华人民共和国合同法》第三百九十七条规定："委托人可以特别委托受托人处理一项或者数项事务，也可以委托受托人处理一切事务。"如果在房地产租赁或买卖活动中，供需主体委托房地产经纪机构代理租赁或买卖过程中的一切事务，则房屋查验就成为经纪工作过程中的一个环节。无论是房屋的买卖或租赁，供求主体之间都有交接环节，交接时肯定要对构成交接对象的各种要素进行核对查验。由于这项工作有一定的技术含量，当事人往往不具备所需专业知识而委托房地产经纪机构代理。房地产经纪机构可以接受委托，作为任何一方主体的代理人完成查验工作。

第一节　存量房的查验和交接

一、存量房的查验与交接的流程

存量房的查验分为两类情况，一种是买卖情况，一种是租赁情况。本节主要阐述买卖情况的查验事宜。租赁情况查验，主要包含其中的房屋质量查验、相关物品查验及相关税费结算。

存量房买卖情况的查验与交接流程如下所示：

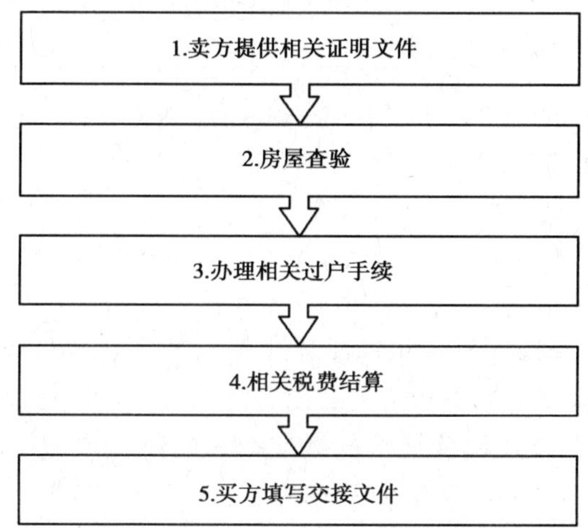

存量房买卖情况的查验和交接流程

二、存量房查验的具体内容

1. 查验权属状况

权属状况是房屋查验的主要内容之一，产权带有瑕疵的房地产，其价值也会因此而骤减。《中华人民共和国物权法》规定，不动产权属证书是权利人享有该不动产物权的证明。不动产权属证书记载的事项，应当与不动产登记簿一致；记载不一致的，除有证据证明不动产登记簿确有错误外，以不动产登记簿为准。所以，要想了解房屋权属状况，应先到政府的产权登记管理部门查阅登记簿。

2. 查验相关证明文件

房地产经纪人员应协助买方向卖方索取相关证明文件。特别是对于一些多年未入住的房屋，房地产经纪人员有义务提醒买方，要检查验收楼盘交付使用的证件是否齐备。主要有：

(1)管理规约

管理规约是房地产使用过程中，业主与业主之间以及业主与管理者之间有关物业管理事项的约定，涉及该宗房地产共有权利和专有权利之间的关系，买受人必须向出售人索要并认真阅读。

(2)物业服务合同

物业管理是房地产消费过程中必须的服务，每个业主都与物业管理企业有合同关系。但物业服务合同是业主大会与物业管理企业签订的，而由业主享受权利并承担义务。合同中应写清物业管理服务内容、标准以及应缴费用，买受人应该持有一份合同，以保证自己的权益。

(3)各种设施设备使用证

房屋使用中需要水、电、燃气、有线电视和供热等各种设施设备。使用这些设施设备需要办理相关手续取得用证或签署合同，房屋交接时也要悉数索要使用证书。

(4)各种缴费单据

房地产在消费过程中会发生各种费用，在办理房屋交接时，应结算清楚，所以应该索要各种缴费单据。

3. 查验房屋质量

房地产经纪人员在协助买方查验房屋时，如果房屋是清水房，可以参考新建商品房查验时的标准。如果是装修房屋，须注意查看工程质量，如门、窗、天花、墙壁、地面的质量等；检查水、电是否正常，用水通道是否畅通，有否渗漏等；检查室内各项设备是否工作正常，如有任何问题，原业主必须配合新业主维修。

4. 查验装修情况

如果是装修房屋，房地产经纪人员应协助买方查验装修的状况、装修水平和程度如何。另外，还要协助买方了解住宅的内部结构图，包括管线的走向、承重墙的位置等，以便买方重新装修。

5. 查验附送物品

在二手房买卖市场上，大部分是一些带装修的房屋，在交接时，房地产经纪人员需要协助买方根据《存量房买卖合同》查验物品清单及数量，特别是对于一些家具、家电产品列明的型号、牌子应该进行一一核对。

6. 查验户籍是否迁出

有的业主户籍仍挂在已出售的物业上，在房屋查验时应及时要求对方按时把户籍迁出。

7. 查验租赁关系是否转移

如果转让的房屋在转让之前带有租约，而且租赁合同并没有到期，那么，在房屋交接时必须办理租赁关系的转移。

三、办理相关过户手续

房地产经纪人员应该协助买卖双方到相关服务部门，办理水、电、气、供暖、有线电视、网络、物业管理等过户手续。能新开户的用户，房地产经纪人员可以建议原业主自行注销相关服务，新业主再行申请新的用户服务，避免相关费用结算的纠纷。

四、房屋使用环节的税费结算

费用问题是存量房交接中经常出现的纠纷。房地产经纪人员协助新业主在进行房屋交接时，必须确认原业主是否结清水电、燃气、电话、电视、网络、物业管理、车位等费用，以免自己承担不必要的费用。

在税费结算时，有如下操作步骤：

(1)确定费用交割时间

房地产经纪人员应该协助买方与卖方确定相关费用的交割时间。在签订《存量房买卖合同》时，双方约定了房屋的具体交付时间。交付时间，一般来讲，就是房屋使用环节的费用交割时间。

(2)费用计算

依据费用交割时间，查看相关测量用表，抄写相关数字，以及通过向卖方索要最新缴费凭证或是到相关部门查询最近缴费情况，确定费用结算的起止时间或是起止数字，房地产经纪人员应协助买卖双方，根据相关部门收费的规定，计算出相关费用。

(3)费用支付

费用支付分两种形式：

①买方还有尾款未付，买方扣除使用环节税费后支付尾款。

②买方已结清尾款，卖方向买方支付房屋使用环节的税费。

五、存量房房屋的交接

房地产经纪人员协助买方方查验完毕后，房屋状况符合合同的相关约定，买方签订《收房确认书》，房屋即交接完毕。

【范本】

收房确认书

甲方：______________（卖方/出租方）

乙方：______________（买方/承租方）

见证方：______________公司

甲乙双方经友好协商，就位于__________之物业（下称“该物业”）达成交易。现甲乙双方在见证方在场见证下，同意并确认以下内容：

一、电表数：________度

二、水表数：________度

三、燃气表数：________度

四、现已检查并同意以该物业之现状收房，该物业之现状是指：

□不带家具电器、不带租约

□有家具电器（详见《家具电器清单》），并确认已移交、接受家电清单所列之全部家电电器。

五、现确认该物业在____年____月____日前所产生的一切相关费用（包括水费、电费、燃气费、电话费、有线电视费、物业管理费、垃圾费等）及一切相关债权债务（包括产权纠纷、债务、税项、租赁及清还抵押等）均与乙方无关，由甲方支付及清理，自____年____月____日起所产生的有关费用由乙方支付。

六、乙方已确认收到甲方交来该物业的全部钥匙（共_____把）。

七、本确认书一式三份，自签订之日起生效，均具有同等法律效力，甲乙双方各执一份，另一份交由见证方持有。

八、备注：

甲方：　　　　乙方：　　　　见证方：

日期：　　　　日期：　　　　日期：

第二节　商品房的查验和交接

一、商品房的查验和交接流程

①开发商发出接房通知。接房通知中包括接房的时间、须缴纳的费用、未按时接房的处理等。通知的形式有电话、传真、信件等。

②购房者缴纳有关费用。如房屋价款结算、物业管理费、公共维修基金等。

③验房。购房者对房屋进行验收，看是否存在质量问题，对发现的质量问题向开

发商提出，开发商整改后再由购房者验房。

④购房者接收房屋。房屋验收合格后，开发商将钥匙交给购房者。一般而言，钥匙的交付是房屋交接的主要标志。

二、商品房查验的具体内容

（一）相关证明文件查验

1. 提醒委托人应该向开发商索要的文件

建设部《关于印发〈商品住宅实行住宅质量保证书和住宅使用说明书制度的规定〉的通知》（建房〔1998〕第102号）第三条规定："房地产开发企业在向用户交付销售的新建商品住宅时，必须提供《住宅质量保证书》和《住宅使用说明书》。《住宅质量保证书》可以作为商品房购销合同的补充约定。"为了保证买受人的权益，必须在房地产开发企业交房时索要《住宅质量保证书》和《住宅使用说明书》。

（1）住宅质量保证书

《住宅质量保证书》是开发建设单位对商品住宅承担质量责任的法律文件。房地产开发企业将新建成的房屋出售给买受人时，针对房屋质量向购买者作出承诺保证的书面文件，具有法律效力。房地产开发企业应依据《住宅质量保证书》上约定的房屋质量标准承担维修、补修的责任。

按照《商品住宅实行住宅质量保证书和住宅使用说明书制度的规定》第五条的规定，《住宅质量保证书》应当包括以下内容：

①工程质量监督部门核验的质量等级。

②地基基础和主体结构在合理使用寿命期限内承担保修。

③正常使用情况下各部位、部件保修内容与保修期：屋面防水3年；墙面、厨房和卫生间地面、地下室、管道渗漏1年；墙面、顶棚抹灰层脱落1年；地面空鼓开裂、大面积起砂1年；门窗翘裂、五金件损坏1年；管道堵塞2个月；供热、供冷系统和设备1个采暖期或供冷期；卫生洁具1年；灯具、电器开关6个月；其他部位、部件的保修期限，由房地产开发企业与用户自行约定。

④用户报修的单位，答复和处理的时限。

（2）住宅使用说明书

《住宅使用说明书》是指住宅开发建设单位在交付住宅时提供给用户的，告知住宅合理、安全、方便使用及相关事项的文本。

按照《商品住宅实行住宅质量保证书和住宅使用说明书制度的规定》第八条规定，《住宅使用说明书》一般包含以下内容：

①开发单位、设计单位、施工单位，委托监理的应注明监理单位；

②结构类型；

③装修、装饰注意事项；

④上水、下水、电、燃气、热力、通信、消防等设施配置的说明；

⑤有关设备、设施安装预留位置的说明和安装注意事项；

⑥门、窗类型，使用注意事项；

⑦配电负荷；

⑧承重墙、保温墙、防水层、阳台等部位注意事项的说明；

⑨其他需说明的问题。

(3)建设工程竣工验收备案证明

按照《建设工程质量管理条例》规定，“建设工程经验收合格的，方可交付使用”“建设单位应当自建设工程竣工验收合格之日起15日内，将建设工程竣工验收报告和规划、公安消防、环保等部门出具的认可文件或者准许使用文件报建设行政主管部门或者其他有关部门备案”。

2. 提醒委托人携带必要的文件

有些文件在购房时已经交给买受人，在接房时需要凭此办理有关手续或进行房屋查验，房地产经纪人员应该提醒委托人携带。

(1)商品房买卖合同

商品房买卖合同是指房地产开发企业将尚未建成或者已经竣工的房屋在房地产市场上销售，转移房屋所有权于买受人，买受人支付价款的合同。《商品房销售管理办法》第十六条规定“商品房销售时，房地产开发企业和买受人应当订立书面商品房买卖合同”。

(2)前期物业服务合同

前期物业服务合同是房地产开发企业和房地产服务企业就前期物业管理阶段双方的权利义务所达成的协议，是物业服务企业被授权开展物业管理服务的依据。

(3)业主临时管理规约

业主临时管理规约是由房地产开发企业制定，买受人签字确认的规范区分所有建筑物或建筑区划内业主权利、义务、责任的法律文件。

(4)书面交房通知

根据《最高院商品房买卖合同司法解释》的规定，“房屋的转移占有，视为房屋的交付使用”。通常是房地产开发建设单位在取得《建设工程竣工验收备案证明》后，向买受人发放商品房书面《交房通知》。

(5)代理查验房屋委托书

查验房屋应由买受人自己亲自负责，房地产开发企业也只将房屋交给买受人，别人无权接收房屋，而房地产经纪人员只有持有买受人的委托书才有权代理委托人进行房屋查验。

(二)商品房查验应准备的工具和仪器

房屋查验多以目测为主，但真正要说明问题、分清责任，还应辅以仪器和工具。

（1）测量距离的工具

为了核实房屋的面积和层高是否与合同相符，应该携带测距工具，主要有直尺、卷尺和激光测距仪等。

（2）裂缝宽度测试仪器

最近几年有关房屋裂缝引起的商品房质量纠纷比比皆是，因此查验时应该对房屋裂缝现状进行描述和记录。裂缝的宽度是表示房屋坏损程度的重要标志，是查验的主要内容。裂缝宽度测量仪器有裂缝宽度观测仪、裂缝放大镜、裂缝对比卡等。

（3）直尺

直尺是指带有刻度的尺，除了可以度量长度外，还可以测量墙体或地面的平整程度。一般是将直尺靠在平面上观察平面与直尺之间的缝隙，用以判断平面是否平整。

（4）塞尺

塞尺是测量间隙的薄片量尺，又称测微片或厚薄规，是由一组具有不同厚度级差的薄钢片组成的量规，是用于检验间隙的测量器具之一。

（5）水平尺

水平尺主要用来检测或测量水平程度的工具，可以根据水平泡的位置判断被检测物体的平面是否与水平面保持平行状态。

（6）垂直检测尺

垂直检测尺是检测墙面垂直度的工具。

（7）超声波探伤仪

超声波探伤仪是一种通过超声波受影响程度，来探测材料性能和结构变化的便携式无损探伤仪器。它能够快速、精确、便捷、无损伤地进行构件内部多种缺陷（裂纹、疏松、气孔、夹杂等）的检测、定位和判断。

（8）红外热像仪

红外热像仪是对温度值进行计算的一种检测设备。它可以通过非接触探测红外热量，将其转换生成温度值和热图像并显示在显示器上。

（9）非金属板厚度测定仪

非金属板厚度测定仪可以检测非金属材料（墙、梁、柱、木材、陶瓷等）的厚度，能实时显示当前厚度值，并智能判读和自动锁定厚度值，无需人工比对，避免了人工读数的误差。针对不同构件，还有一些专用厚度测试仪器，如楼板厚度测量仪。

（10）试电笔

试电笔也称为测电笔，简称“电笔”，是一种用来测试物体是否带电的电工工具。

（三）房屋的查验实操

1. 环境查验

商品房的环境分为小区的周边环境和小区内的环境，包括交通、购物、教育、景观、绿化、基础设施和配套设施等。房地产经纪人员在现场查验，主要应该对照房地产开发企业销售时的承诺，将所发现的问题记录在查验报告中，并提醒买受人与出售人交涉。

2. 户外查验

户外部分属于业主共有财产，应由物业管理企业负责查验。但有些部位直接影响房屋使用，房地产经纪人员也需要重点关注。

(1)建筑物外饰面

查验时必须注意观察外墙是否有裂缝，楼层较低时可用望远镜观察；楼层较高时，可在阳台上观察委托查验单元的外墙装饰面。

(2)电梯

电梯属于特种设备，国家有专门的管理部门，商品房投入使用前必须由其检查验收方可使用。房地产经纪人员查验时，应该注意查阅相关文件并注意轿厢内是否有检查合格的标志。

(3)入户门

入户门是商品房专有部位和共有部位的分界线。现在商品房的入户门大多是防盗门，主要是查验它的使用功能和外观。使用功能上，主要应对照说明书检查是否相符，合页、门锁以及对讲设备应重点检查；外观主要看表面是否洁净、平整、光滑，有无划痕和碰伤等。

(4)采光

现场查验时，房地产经纪人员应注意房屋的采光问题，如房屋的窗前有无遮挡物，对于楼层较低的房间更要注意，如果与承诺不符应提醒委托人。

3. 户内查验

户内查验是房屋查验的重点，包括空间大小、结构、装修和设备等。

(1)空间

①面积(建筑面积、使用面积、套内面积、公摊面积等)。商品房的销售面积为所购套内建筑面积与应分摊的共用建筑面积之和，即：

商品房销售面积 = 套内建筑面积 + 分摊的共用建筑面积

套内建筑面积 = 墙体截面面积 + 使用面积 + 阳台面积(如未封闭按 1/2 计算)

房间大小可用激光测距仪测量并自动计算面积，最后相加求出使用面积。墙体面积可以用厚度测量仪测量厚度，用激光测距仪测量长度，然后求出面积。

②高度。房屋的高度有层高和净高之分。在售房时，房地产开发企业对于这些内容应有承诺，验房时房地产经纪人员应予以核实。净高容易测量，用激光测距仪可以直接测得；层高比较麻烦，按照《住宅设计规范》规定“层高是上下两层楼面或楼面与地面之间的垂直距离”，层高实际上等于净高加上楼板厚度。楼板厚度可用厚度测量仪测出，加上净高即可得出层高。

(2)结构

检查结构构件有无裂缝，需要检查的部位主要有梁、板、柱、墙等。如果在某个部位发现有裂缝，首先要看是装饰装修表面裂痕，还是混凝土本身裂缝。查验所关注的应该是混凝土裂缝，这种裂缝宽度只要超过0.05毫米就可以用肉眼看到，宽度的大小可以用裂缝宽度放大镜、裂缝对比卡、塞尺和裂缝宽度测试仪等测量。裂缝深度可用超声法检测，长度可用各种尺测量。查验报告应包括裂缝的位置、形式、走向、长度、宽度、深度和数量等情况。

(3)装修

现在出售的商品房有毛坯房和装修房两种。装修房的装修程度和档次有很大差别，验房时主要根据购房时房地产开发企业的承诺进行验收。

①装修最低标准。查验时应注意房屋全部外饰面(包括阳台、雨篷)应按设计文件要求完成装修工程。

房间内采用预制楼板或现浇板顶棚的，顶棚和墙面应用腻子找平，达到板缝密实、无裂缝，接搓平顺、无错台，表面平整、线角顺直；各房间的基层地面混凝土应做到表面平整、压实，达到粘结牢固，不起鼓、无裂缝。按照《建筑装饰装修工程施工质量验收规范》4.2.11的要求，普通抹灰立面垂直度、表面平整度和阴阳角方正度都应在4毫米以下。查验时可用2米垂直测尺检查垂直度，用直尺或靠尺以及塞尺检查表面平整度。

②约定的装修标准。按照房地产市场上习惯说法，装修大致可分为简装、精装、豪华装。这几种装修之间并无严格界限，买受人必须在购房时与房地产开发企业约定清楚，应包括各个部位装修材料的品牌、颜色、规格、价位和施工工艺等。

按照常规，简装房的厨房和卫生间应进行最基本的装修，配置最基础的设备，其他房间的地面、墙面和顶棚顶面可有简单造型或平顶，房间内配置了室内门和简单的灯具，地面铺装普通抛光砖或瓷砖。无论哪种规格的装修，都要镶贴面砖。对于镶贴工程，《建筑装饰装修工程施工质量验收规范》有具体的质量要求。镶贴必须牢固，表面平整，接缝平齐、光滑，缝宽均匀一致，无空鼓。饰面砖镶贴的允许偏差和检验方法应符合下表规定。

饰面砖镶贴的允许偏差和检验方法

项　目	允许偏差/毫米	查验方法
立面垂直度	2	2米垂直检验尺查验
表面平整度	3	2米直尺和塞尺查验
阴阳角方正	3	直角检验尺查验
接缝直线度	2	5米线结合直尺查验
接缝高低差	0.5	直尺和塞尺查验
接缝宽度	1	直尺查验

精装房所有房间的固定面应全部铺装或粉刷，厨房和卫生间的设备全部安装完

成，橱柜采用工厂生产的标准化橱柜；各房间顶面有一定的造型，装修材料材质细腻、环保，地面采用品牌玻化砖、仿古砖或石材等中高档材料；室内墙面采用高级壁纸或高级乳胶漆；室内地面采用高档地砖或复合地板；室内天花板用石膏板吊顶、高级乳胶漆；户内窗采用优质断桥隔热铝合金、中空玻璃；窗台采用大理石台面；内门至少用高级空心压缩门，配高级五金件插座。

豪华装的房屋较精装房档次更高一些。精装房突出的是"精"字，主要表现在施工工艺更加细腻；而豪华装主要体现采用的装修材料更加高档，一般要用知名品牌。所以查验豪华装的房屋，要注意装修材料的品牌是否与房地产开发企业的承诺一致，如果可能还要辨别一下材料的真伪。

窗扇和门扇也属于装修。商品房都有窗户，入户门都是防盗门，门框和门扇齐全。而室内门不尽相同，门的质量和材料差别很大，现在有金属门、塑料门和木门三种。毛坯房没有室内门门扇，但有入户门。简装房、精装房和豪华装室内门的差别主要是材料和样式。

(4)设施设备

①给排水。房屋查验涉及给排水设备的主要是专有部分。查验给排水设备时主要查验管材和管件的品牌、规格、颜色等是否与房地产开发企业承诺的一致，以及是否有产品合格证书。给水设备要注意每个节门是否开关正常，另外还要注意计量表的读数，记载下来以便与房地产开发企业结算水费。

②采暖。如果是在采暖期，设备的查验比较简单，主要看是否有跑冒滴漏，温度是否达标等；不在采暖期时，要查验横竖管道的倾斜是否在允许值范围之内。查验散热器时，散热器组对应平直紧密，根据片数的多少其允许偏差不一样，一般在 4 ~6 毫米；散热器支架和托架的安装位置应准确，埋设应牢固；散热器垂直度用吊线和尺量，允许偏差值在 3 毫米之内。

③卫生间设备。主要是查验卫生洁具品牌与开发商承诺的是否一致，进水管和排水管的连接是否严密，不得渗漏。

④卫生间防水。有防水要求的房间，地面应符合防水层、保护层的要求，做到无渗漏，在查验时应进行闭水实验。如果该查验对象竣工验收时已经通过了闭水实验，则只要看实验记录或相关证明材料即可。如果缺少证明材料或委托合同已将闭水实验约定在查验范围之内，则应进行闭水实验。

另外，地漏与泛水坡度应符合设计要求，不倒泛水，接口严密平顺，无渗漏。

⑤电气设备。商品房户内电器设备较多，主要有电表、开关、插座、电线、电闸、视频对讲电话、自动防火报警器、电视插口、网络插口等。电器设备都有验收标准，可对照逐一查验，也可以查验竣工验收记录。另外，还要测试各电器主要功能并记载电表读数。

⑥燃气。燃气设备比较特殊，没有专业资质的单位不能随便触动相关设施设备，所以只查验相关文件即可。对于精装房和豪华装房，注意查验燃气表以下的管道和

灶具是否与房地产开发企业承诺一致，以及燃气灶开关是否灵活等。

(5)动产查验

有些“拎包入住”的商品房，带有电器、家具和其他用品等动产，也在查验范围之内。查验时，应根据事先的约定查验其数量和质量。

三、商品房交接

(一)办理有关设施使用手续及交费

商品房入住时，必须先办理各种设施设备启用手续并缴纳各种费用，查验时应该记载下来，以便与房地产开发企业交涉和结算。

①水。房屋买受人入住时，通常是预交一部分水费，然后每月再按常规继续缴纳。

②电。有些项目由于开发前期存在某些问题，所以居民入住后一直按商业用电缴费或临时用电缴费，引起许多纠纷。因此查验时，一定要与房地产开发企业就此问题形成书面约定。

③燃气。办理好开户手续，费用由燃气部门收缴。

④供暖。应与供热部门签署供热服务合同，一般预交一年供热费。

⑤电话。如果需要安装固定电话，可与通信部门签订合同安装电话，初装费一般由买受人缴纳。

⑥网络。现在互联网使用比较普及，买受人可以通过比较，自己选择。

⑦有线电视。有线电视可以通过光纤或宽带同轴电缆将多个频道的视频信号传送到各个家庭，如拟使用可与相关公司签约启用。

⑧车位。车位使用应与房地产开发企业协商签约。

⑨公共维修基金。有的地区公共维修基金完全由买受人缴纳，有的地区则由房地产开发企业和买受人共同缴纳。如果是前者，应在缴款后确认资金已到业主名下；如果是后者，应该查验房地产开发企业缴纳资金的证明，并在买受人缴款后确认业主名下有这两笔资金的合计。

(二)交接手续

1. 房屋验收记录表和房屋交接表

“房屋验收记录表”在查验时填写。“房屋交接表”应将需要移交的所有动产和不动产的名称、数量和质量列清楚，交接双方签字确认。

2. 查验发现问题和解决方案

根据查验记录将存在的问题整理形成书面材料，其中包括房屋质量现状、存在的问题，形成解决问题的方案。

3. 领钥匙

以上手续办理后,应找房地产开发企业领取钥匙。这里所说的钥匙包括入户门的钥匙和进入小区的门禁磁卡以及各种能源表盒的钥匙。

第三节　业务记录与经纪档案管理

根据相关规定和要求,房地产经纪人员应在查验和交接的全程做好房地产经纪业务记录,依法妥善保存房地产经纪服务合同、房地产交易合同、房屋状况说明书、房地产经纪业务记录、业务交接单据、原始凭证等与房地产经纪业务有关的材料。这些材料最后都要归入档案,房地产经纪机构要妥善保管以便备查。

一、查验与交接记录

所谓记录并非仅仅是文字记录,还应包括一些图表和影像记录。这些记录除了查验人亲手书写的以外,还应附上查验时所必须携带的资料和文件。

(一)文字记录

1. 查验和交接文字记录

查验记录是利用文字对委托对象现场查验和交接过程的文字描述。查验记录应由房地产经纪人员填写,内容包括:查验时间、参加查验的人数和人名、查验对象地址、查验的各个部位、现状描述以及所发现的问题等。如果需要交接双方的某个主体签字的,应请其签字。交接记录应包括交接现场实景描述、交接参与人员的发言记录、交接双方互相递交的文件和资料等。

2. 异常情况说明书

情况说明书是查验人对某些情况的说明,尤其是发现异常情况时必须有情况说明书。异常情况说明书应将所发现问题的部位、问题严重程度和产生的原因分析清楚。不同位置的说明书其具体内容不尽相同,如房屋漏水说明书应包括以下内容:

①漏水的具体位置;

②严重程度;

③天花板和墙面的受损情况、隐患;

④具体维修和赔偿要求及依据;

⑤漏水原因;

⑥漏水处的情况照片;

⑦署名、日期。

3. 解决问题的方案

解决问题的方案应该是双方协商议定,但作为买受人的代理人应该为其委托人进言献策，提供谈判的参考依据。查验人应先拿出一个初步方案来征求委托人的意见，按照委托人的意见进行调整后形成最后的方案。档案里最后所保存的文件，应既有查验人所拟定的初步方案，也有双方协商好的最终方案。

4. **房屋状况说明书**

在查验和交接过程中，可能会出现几份《房屋状况说明书》。对于房屋查验的专项委托，《房屋状况说明书》就是最终的工作成果；如果房屋查验是房屋交接过程中的一个环节，供需双方都会有一个《房屋状况说明书》。买受人在查验房屋过程中，出售人的《房屋状况说明书》已经持有在手，买受人应逐一核实房屋情况。但由于看问题的角度不同或专业技术水平的差异，查验的结果未必相同。因此，买受人的代理人还会再编写一份《房屋状况说明书》。这几份《房屋状况说明书》最后都要归入档案。

(二)图表

1. **图纸**

反映房屋基本情况的图纸有平面图、立面图和剖面图。通常房屋买受人也只看平面图中的户型图，有时也会看小区的总平面图。新建的商品房资料比较齐全，售楼处就有总平面图及其沙盘，以及各种户型图。存量房的图纸可能不易找到，需要查验人查找或补画。按照建设部《物业承接查验办法》规定的“建设单位应当向物业服务企业移交”的资料中，第一项就是“竣工总平面图，单体建筑、结构、设备竣工图，配套设施地下管网工程竣工图等竣工验收资料”，所以，物业管理企业肯定有总平面图，查验时可以找物业管理企业，如果需要也可以复印。户型图如果实在找不到，查验人可以补画一份。另外，在情况说明书中，为了说清问题也可以图示。查验后交接中的各种图纸都应归入档案。

2. **表格**

为了房屋查验和交接方便，可设计出结构查验表、装修查验表、设施设备查验表、家具电器检查表以及房屋交接表等，记录查验和交接过程的详细内容，查验后归入档案。

(三)影像

影像是对视觉感知的物质再现，是通过照相机、摄像机以及红外热像仪等设备记录下来的房屋物质形态。在房屋查验过程中，如果想把房屋现状定格在查验时点上，就应该使用上述设备将影像记录下来并存档。

二、经纪档案管理

(一)经纪档案的内容

经纪档案是指房地产经纪机构和房地产经纪人员在经纪活动中获得和形成的具

有保存价值的各种文字、图表、影像等形式的资料。主要包括：

①房地产经纪服务合同；

②房地产交易合同（买卖和租赁合同）；

③委托人及交易相对人提供的资料；

④房屋查验记录、房屋状况说明书、房屋查验报告；

⑤房地产经纪服务必要事项告知确认书；

⑥收据、收条及各种票据等原始凭证的复印件；

⑦设施设备使用证或使用合同的复印件；

⑧其他有关资料。

（二）房屋查验档案管理要求

房屋查验的档案是房地产经纪机构档案的重要组成部分之一，机构的档案管理应该按照国家的有关法律、法规、规则和标准规范管理。

1. 设立档案管理岗位

房地产经纪机构应该建立档案管理制度，设立档案管理岗位管理档案资料。房地产经纪机构的档案管理人员应经过专业技术培训，无论是专职的还是兼职的都应取得国家颁发的资格证书。

2. 统一管理

房地产经纪机构应该将所有的房屋查验档案统一管理，查验人不能自己截留档案资料。

3. 原则

房屋查验档案资料的管理，要按照“一个委托查验项目一份档案”的原则建档。档案资料要整理立卷，并编制卷内目录、案卷编号，填写备考表（卷内文件状况的记录单，排列在卷内文件之后，用于注明卷内文件与立卷状况）、案卷封面和案卷脊背。

（三）分类编目

1. 分类

分类就是归类。分类是从种到属，而划分则是从属到种，二者方向相反但又相辅相成。“档案的类名是一些在性质上或特征上具有共同属性的档案总称。类目规定了一类档案的性质和内容范围，以便区别于其他的档案。类目是档案分类表的构成单元。一个类目一般包括一个档案主题，但有时也包括一个以上的档案主题，形成一个类组。”（引自《档案分类标引规则》）

档案分类标引是将档案主题的自然语言转换成档案分类检索语言的过程，也就是对档案进行主题分析的结果赋予分类号标识的过程。档案条目按所赋予的分类号排列起来，就形成了一个与分类体系相同的逻辑系统，从而达到系统反应档案，便于检索、利用。

2. 编目

编目是按照一定的标准和规则，对某范围内信息资源根据每种实体的外部特征和内容特征进行分析、选择、描述，并记录成为款目，继而将款目按照一定顺序组织成为目录的过程。“档案目录是按照一定的次序编排而成的条目汇集，是档案管理、检索和报道的工具。”（引自《档案著录规则》）

编目时先要进行档案著录（著录是对档案内容和形式特征进行分析、选择和记录的过程，具体操作参见《档案著录规则》），然后对著录标引形成的条目进行编排，分别组成分类目录、主题目录、人名目录及各种专题目录。

（四）档案的保存和利用

1. 保存形式

现在大多采用纸质档案、照片档案、录音档案、录像档案以及电子档案等。

2. 保存期限

根据《房地产经纪执业规则》的规定：“房地产经纪服务合同等房地产经纪业务相关资料的保存期限不得少于5年。”据此，房屋查验的档案资料保存时间不能少于5年。

3. 档案利用

房地产经纪档案可为社会提供服务，但对涉及的国家秘密、商业秘密、技术秘密和个人隐私应当予以保密。各房地产经纪机构可制定相关制度，按照一定手续对社会开放档案。

4. 档案检索

档案检索就是把档案的内容，按照不同的特征存储在各种检索工具中，如果需要，可以快捷和准确地把档案查找出来的一种引导工作。

检索主要有下列几个步骤：

①分析利用要求；

②选定检索工具；

③按照选定的检索途径及其检索标识查取档案。

附　录

附录一　重庆市房屋买卖合同

合同编号：

重庆市房屋

买

卖

合

同

重庆市国土资源和房屋管理局印制

重庆市工商行政管理局监制

特别告知

1. 本合同文本为示范文本,由重庆市国土资源和房屋管理局、重庆市工商行政管理局共同制定,适用于本市行政区域内国有土地上的房屋买卖。本合同所指房屋买卖,是指个人或单位将已办理权属登记,取得《房地产权证》的房屋进行出售的行为(房地产开发企业除外)。

签订合同前,当事人应当仔细阅读本合同内容,并对交易房屋的物理状况、权属状况等情况充分了解。

2. 本合同所指经纪成交,是指买卖双方通过合法的房地产经纪机构提供居间或代理服务,达成买卖意愿,自愿签订房屋买卖合同的行为。

3. 通过房地产经纪机构提供居间或代理服务达成房屋买卖的,房地产经纪机构应当向买卖双方出示工商营业执照、经纪机构备案证明。

4. 房屋买卖涉及标的额较大、专业性较强、法律法规较多,当事人可向专业机构咨询。

当事人在签订合同前,可到房屋所在地土地房屋登记机构查阅房屋是否在该登记机构办理抵押、查封、预告等权利转移受限制的情况。

5. 本合同签订不等于产权登记。当事人签订合同后应及时到房屋所在地土地房屋登记机构办理产权转移登记。在此期间可能出现房屋被司法查封、被征收等特殊情况,请买卖双方务必注意交易风险。

重庆市房屋买卖合同

出卖人(以下简称甲方):________________

【法定代表人】【负责人】:________________国籍:________________

【身份证】【护照】【营业执照注册号】【其他:________】:________________

通信地址:____

邮政编码:______________联系电话:______________(手机)______________

【代理人】:________________国籍:________________

【身份证】【护照】【营业执照注册号】【其他:________】:________________

通信地址:____

邮政编码:______________联系电话:______________(手机)______________

购买人(以下简称乙方):________________

【法定代表人】【负责人】:________________国籍:________________

【身份证】【护照】【营业执照注册号】【其他:________】:________________

通信地址:____

邮政编码:______________联系电话:______________(手机)______________

【代理人】:________________国籍:________________

【身份证】【护照】【营业执照注册号】【其他:________】:____________________

通信地址:____

邮政编码:_______________联系电话:_______________(手机)_______________

根据《中华人民共和国合同法》等法律、法规,甲乙双方遵循自愿、平等和诚实信用原则,经协商一致,签订本合同。

一、房屋基本情况

(一)甲方所售房屋坐落为:____。

(二)该房屋建筑面积为:________平方米。

(三)该房屋用途为(产权证记载的用途):________________________________。

(四)该房屋由甲方以【买卖】【受赠】【继承】【拆迁安置】【其他:________】方式取得。

(五)该房屋房地产权证号为:____(或该房屋所有权证号为:____、土地使用权证号为:____)。

(六)该房屋占用范围内的国有土地使用权以【出让】【划拨】方式取得。

二、成交价格

该房屋总成交金额为__________元整(大写:__________元整),该成交价格包含该房屋设施设备、装饰装修、相关物品等。

三、购买方共有方式

乙方为两人以上的,其共有方式为【共同共有】【按份共有】,共有方式为按份共有的,约定的具体份额为:____。

四、成交方式

甲乙双方系通过________方式达成该房屋买卖。

(一)自行成交。

(二)经纪成交。房地产经纪服务提供方名称________________________________

房地产经纪机构备案证书号:____

通信地址:____

邮政编码:__________联系电话:________________________

五、甲方关于产权状况、出租情况及户籍情况的承诺

(一)甲方保证该房屋产权权属真实、清晰、合法,无任何权利转移受限制情况,相关权利人同意出售上述房屋。

甲方保证该房屋结构无拆改或拆改已得到相关行政管理部门的同意并持有合法、有效证明文件。

(二)该房屋的抵押情况为________。

1. 该房屋未设定抵押权。

2. 该房屋已设定抵押权，抵押权人已出具同意转让的书面材料，抵押权人为：________，抵押合同登记号为：__________，甲方应于____年____月____日前办理抵押注销手续。

（三）该房屋的租赁情况为：________。

1. 甲方未将该房屋出租。

2. 甲方已将该房屋出租：【乙方为该房屋承租人】【乙方已知晓该房屋已出租且承租人已放弃优先购买权】。

（四）该房屋附着户籍情况为：________。

1. 该房屋未附着户籍。

2. 该房屋已附着户籍，甲方承诺于____年____月____日之前迁出。甲方未按约定期限迁出户籍的，应当自承诺迁出之次日起至实际迁出之日止，按日向乙方支付已付房价款万分之________的违约金。

六、付款方式

乙方按下列第________种方式按期付款：

（一）一次性付款。付款时间或条件：____________________________________。

（二）分期付款。

1. 第一期：

2. 第二期：

3. 第三期：

4. 第四期：

（三）按揭付款。

1.

2.

3.

双方同意，上述款项的支付通过【甲乙双方自行划转】【存量房交易资金专用账户划转】。

七、权属转移登记

甲乙双方同意，自本合同签订之日起________日内，由【甲乙双方共同】【______________】向房屋所在地土地房屋登记机构申请办理房屋权属转移登记手续。

八、税费承担

双方约定，按以下第________种方式承担该房屋权属转移登记相关税费：

（一）由甲方一并承担；

（二）由乙方一并承担；

（三）由甲乙双方按规定各自承担。

九、房屋交付

甲方应当在____________________________(约定时间或条件)将房屋交付给乙方。房屋交付时,应当履行以下________手续:

(一)甲方保证该房屋附属设施设备、装饰装修保持良好;

(二)甲方结清已经产生的水、电、气、电话、有线电视、物业管理、专项维修资金等相关费用,并协助乙方办理上述项目过户登记手续;

(三)甲方、乙方共同对该房屋附属设施设备、装饰装修、相关物品清单等具体情况进行验收;

(四)甲方将相关费用缴结票据交付乙方;

(五)移交房门钥匙;

(六)其他:____。

十、相关违约责任

(一)甲方逾期交房的违约责任

甲方未按本合同约定将该房屋交付乙方的,按下列第________种方式处理。

1. 按逾期时间,分别处理((1)和(2)不作累加)。

(1)逾期在________日之内,自交付期限届满次日起至实际交付之日止,甲方按日计算向乙方支付已付房价款万分之________的违约金,合同继续履行。

(2)逾期超过上款约定时间的,乙方有权退房。乙方退房的,甲方应自退房通知送达之日起________日内退还已付房价款,并按已付房价款金额的________%向乙方支付违约金。乙方要求继续履行合同的,合同继续履行,自本合同第九条约定的最后交付期限次日起至实际交付日止,甲方按日向乙方支付已付房价款万分之________的违约金。

2. ____。

(二)乙方逾期付款的违约责任

乙方未按付款约定时间付款的,按照下列第________种方式处理。

1. 按逾期时间,分别处理((1)和(2)不作累加)。

(1)逾期在________日之内,自约定应付房价款期限届满次日起至实际支付之日止,乙方按日向甲方支付未付部分房价款万分之________的违约金,合同继续履行。

(2)逾期超过上款约定时间的,甲方有权解除合同。甲方解除合同的,乙方应自解除合同通知送达之日起________日内按累计逾期未付部分房价款金额的________%向甲方支付违约金,甲方退还乙方全部已付房价款。甲方不解除合同的,合同继续履行,自本合同约定的未付房价款期限次日起至实际支付未付部分房价款之日止,乙方按日向甲方支付逾期未付房价款万分之________的违约金。

2. ____。

(三)未按约定办理房屋权属转移登记的违约责任

甲乙双方未能在上述约定期限内向房屋所在地土地房屋登记机构申请办理房屋权属转移登记手续的,双方同意按下列方式处理:

1. 因甲方责任导致的，乙方有权退房。乙方退房的，甲方应当自退房书面通知送达之日起________日内退还乙方全部已付房价款，并向乙方支付已付房价款________%的违约金；乙方不退房的，自本合同第七条约定的期限届满次日起至实际办理申请日止，甲方按日向乙方支付已付房价款万分之________的违约金。

因乙方责任导致的，甲方有权解除本合同。甲方解除合同的，甲方应当自解除合同书面通知送达之日起________日内退还乙方全部已付房价款，乙方应当向甲方支付已付房价款________%的违约金；甲方不解除合同的，自本合同第七条约定的期限届满次日起至实际办理申请日止，乙方按日向甲方支付已付房价款万分之________的违约金。

2. ____。

（四）____。

十一、其他约定

（一）甲方保证已如实介绍该房屋权属状况、附属设施设备、装饰装修情况，乙方已对上述房地产作充分了解并实地看房，对该房屋现状无异议，愿意购买该房屋。

（二）随房屋同时转让的设施设备、装饰装修、相关物品由甲乙双方另行约定。

（三）本合同所列地址为各方准确联系地址，相关文书送达到该地址，即视为送达给其本人。任何一方地址变更，应及时书面通知相关方，否则自行承担相关责任。

（四）若遇争议，双方应协商解决；协商不成的，可依法选择（　　）

1. 向人民法院起诉。

2. 向重庆仲裁委员会申请仲裁。

3. ________________________。

（五）本合同未尽事宜，可补充或变更相关约定，本合同补充条款与正文条款不一致的，以补充条款为准。

本合同连同附件共________页，经双方签字或盖章方生效。本合同壹式________份，甲乙双方各执________份，________、________和登记机构各执壹份，具有同等法律效力。本合同自签订之日起生效。

十二、补充条款

甲方：	乙方：
法定代表人：	法定代表人：
委托代理人：	委托代理人：
签约时间：　　年　　月　　日	签约时间：　　年　　月　　日
签约地点：	签约地点：

附录二　重庆市商品房买卖合同

合同登记号:(　　　)商字第(　　　)号

重庆市商品房

买

卖

合

同

重庆市国土资源和房屋管理局印制
重庆市工商行政管理局监制

特别告知

1. 本合同文本是根据《重庆市城镇房地产交易管理条例》等相关法律法规以及建设部、国家工商行政管理总局印发的《商品房买卖合同》示范文本制定的。合同条款为提示性条款，供买卖双方当事人约定时采用。签约之前，购房人应当仔细阅读本合同内容，对合同条款及专业用词理解不一致的，由市国土房管局解释。

2. 本合同所称商品房，是指由房地产开发企业开发建设并对社会公开销售的房屋（包括期房和现房）。

3. 在签订本合同前，房地产开发企业应向购房人出示《重庆市商品房预售许可证》或《房地产权证》。《重庆市商品房预售许可证》或《房地产权证》真实性、合法性及该商品房屋是否存在重复销售、被司法机关查封、抵押等权利转移受限制的情况，购房人可到房屋所在地土地房屋登记机构查阅。

4. 根据《重庆市土地房屋权属登记条例》的规定，土地房屋登记机构在办理登记时，实行实名登记。购房人在签订本合同时，应当填写真实姓名或名称；购房人为两个以上的，应当全部填写。

5. 本合同文本中涉及的选择、填写内容以手写项为优先。

6. 为体现合同双方的自愿原则，双方当事人可以对合同文本条款的内容进行增补。本合同文本中相关条款后有空白行的供双方约定。

7. 对本合同文本条款进行增补的格式条款，不得含有免除或限制房地产开发企业自身责任、扩大房地产开发企业权利、加重购房人责任或排除购房人主要权利的内容。

8. 对合同文本【　　】中选择内容、空格部位填写及其他需要增补的内容，双方应当协商确定。

9. 房屋买卖是双方当事人自身的民事法律行为，涉及的标的额较大、专业性较强、法律规范较多，当事人可向专业机构咨询。

10. 本合同同时适用经济适用住房、限价商品住房。

重庆市商品房买卖合同

（合同编号：　　　　　　　　　　　　）

合同双方当事人：

甲方（卖方）：______________________________

注册地址：______________________________ 邮编：____________________

营业执照号码：____________________ 资质证书号码：____________________

法定代表人：____________________ 联系电话：____________________

委托代理人：____________________ 联系电话：____________________

委托代理：____

注册地址：____________________ 邮编：____________

营业执照号：________________________________

法定代表人：____________ 联系电话：______________

乙方（买方）：____________ 国籍：____________

【身份证】【护照】【营业执照】【其他：________】

号码________________________

乙方身份【本市城镇居民】【本市农村居民】【市外城镇居民】【市外农村居民】【港澳台】【外国】【其他】

地址：________________________________

邮编：______________ 联系电话：______________

【代理人】【法定代理人】：____________ 国籍：____________

【身份证】【护照】号码________________________

地址：________________________________

邮编：______________ 联系电话：______________

乙方（买方）：____________ 国籍：____________

【身份证】【护照】【营业执照】【其他：________】

号码________________________

乙方身份【本市城镇居民】【本市农村居民】【市外城镇居民】【市外农村居民】【港澳台】【外国】【其他】

地址：________________________________

邮编：______________ 联系电话：______________

【代理人】【法定代理人】：____________ 国籍：____________

【身份证】【护照】号码________________________

地址：________________________________

邮编：______________ 联系电话：______________

乙方（买方）：____________ 国籍：____________

【身份证】【护照】【营业执照】【其他：________】

号码________________________

乙方身份【本市城镇居民】【本市农村居民】【市外城镇居民】【市外农村居民】【港澳台】【外国】【其他】

地址：________________________________

邮编：______________ 联系电话：______________

【代理人】【法定代理人】：____________ 国籍：____________

【身份证】【护照】号码＿＿＿＿＿＿＿＿＿＿＿＿＿＿＿＿＿＿＿＿＿＿＿＿

地址：＿＿＿＿＿＿＿＿＿＿＿＿＿＿＿＿＿＿＿＿＿＿＿＿＿＿＿＿＿＿＿

邮编：＿＿＿＿＿＿＿＿＿＿＿联系电话：＿＿＿＿＿＿＿＿＿＿＿＿＿＿

乙方（买方）：＿＿＿＿＿＿＿＿＿国籍：＿＿＿＿＿＿＿＿

【身份证】【护照】【营业执照】【其他：＿＿＿＿＿＿＿】

号码＿＿＿＿＿＿＿＿＿＿＿＿＿＿＿＿＿＿

乙方身份【本市城镇居民】【本市农村居民】【市外城镇居民】【市外农村居民】【港澳台】【外国】【其他】

地址：＿＿＿＿＿＿＿＿＿＿＿＿＿＿＿＿＿＿＿＿＿＿＿＿＿＿＿＿＿＿

邮编：＿＿＿＿＿＿＿＿＿＿＿＿联系电话：＿＿＿＿＿＿＿＿＿＿＿＿＿

【代理人】【法定代理人】：＿＿＿＿＿＿＿＿＿国籍：＿＿＿＿＿＿＿＿＿

【身份证】【护照】号码＿＿＿＿＿＿＿＿＿＿＿＿＿＿＿＿＿＿＿＿＿＿＿＿

地址：＿＿＿＿＿＿＿＿＿＿＿＿＿＿＿＿＿＿＿＿＿＿＿＿＿＿＿＿＿＿＿

邮编：＿＿＿＿＿＿＿＿＿＿＿联系电话：＿＿＿＿＿＿＿＿＿＿＿＿＿＿＿

乙方为两人以上的，其共有方式为【共同共有】【按份共有】，共有方式为按份共有的，约定的份额具体为：＿＿＿＿＿＿＿＿＿＿＿＿＿＿＿＿。

根据《中华人民共和国合同法》《中华人民共和国物权法》《中华人民共和国城市房地产管理法》《重庆市城镇房地产交易管理条例》及其他有关法律、法规之规定，甲、乙双方在平等、自愿、协商一致的基础上就买卖商品房达成如下协议：

第一条　本商品房的项目名称及土地状况

本商品房项目名称【现定名】【暂定名】＿＿＿＿＿＿＿＿＿＿＿＿＿＿＿＿＿。

本商品房项目占用范围内的土地使用权为【出让】【划拨】方式取得，并依法进行了建设用地使用权登记，取得《房地产权证》，证书号为＿＿＿＿＿＿＿＿＿＿＿＿。

该地块土地面积为＿＿＿＿，用途为＿＿＿＿，住宅用地土地使用年限至＿＿＿年＿＿＿月＿＿＿日止，商业、旅游、娱乐用地使用年限至＿＿＿年＿＿＿月＿＿＿日止，综合用地或其他用地使用年限至＿＿＿年＿＿＿月＿＿＿日止。

第二条　本商品房销售依据

甲方销售的商品房为下列第（　　）项：

1. 现房。《房地产权证》号：＿＿＿＿＿＿＿＿＿＿＿＿＿＿＿＿＿。

2. 预售商品房。《商品房预售许可证》号：＿＿＿＿＿＿＿＿＿＿＿＿＿，预售商品房批准机关：＿＿＿＿＿＿＿＿＿＿＿＿＿＿＿＿＿＿＿＿。

第三条　乙方所购商品房的基本情况

（一）本商品房坐落为：重庆市＿＿＿＿区（县）＿＿＿＿街（镇）＿＿＿＿＿＿＿

____。

（二）本商品房所在幢的楼层共计________层（是指本幢楼按规定应该计算层数的所有层数）。本商品房所在楼层物理层为第________层（指从本商品房所在幢最底层开始计算的楼层）。本商品房所在楼层名义层为第________层（指标识楼层，一般为规划部门或公安机关确定的楼层）。

（三）本商品房结构为：【钢结构】【钢和钢筋混凝土结构】【钢筋混凝土结构】【混合结构】【砖木结构】【其他结构】。

（四）本商品房建筑面积________平方米，其中套内建筑面积________平方米，共用部位与共用房屋分摊建筑面积________平方米。

（五）本商品房户型为：【单间】【单间配套】【一室一厅】【二室一厅】【二室二厅】【三室一厅】【三室二厅】【三室三厅】【四室一厅】【四室二厅】【四室三厅】【五室以上】【其他】

（六）本商品房用途为住宅，属于：【普通商品住房】【住宅式公寓】【别墅】【经济适用住房】【限价住房】【其他】

本商品房用途为非住宅，属于：【办公】【商务公寓】【酒店式公寓】【摊位】【门面】【商场】【车位】【仓储用房】【其他用房】

（七）关于本商品房层高、净高的约定：

1. ____；

2. ____；

3. ____。

本商品房户型图见本合同附件一。

本商品房共用部位及设施见附件二。

第四条　购房价款

（一）本商品房为清水房，总成交金额为________元整（大写：__________元整），建筑面积单价为________元/平方米，套内建筑面积单价为________元/平方米。

（二）本商品房为成品住房，总成交金额为________元整（大写：______________元整），建筑面积单价为________元/平方米，套内建筑面积单价为________元/平方米。其中扣除装修总价款后总成交金额为________元整（大写：______________，建筑面积单价为________元/平方米，套内建筑面积单价为________元/平方米。

第五条　付款方式及期限

（一）本项目商品房预售资金监管银行为______________________________。

（二）乙方按下列第________种方式按期付款：

1. 一次性付款：

本商品房总成交金额＿＿＿＿＿＿＿＿元整（大写：＿＿＿＿＿＿＿＿＿＿＿＿＿＿）。

（1）＿＿

＿＿

（2）＿＿

＿＿

2. 分期付款：

本商品房总成交金额＿＿＿＿＿＿＿＿元整（大写：＿＿＿＿＿＿＿＿＿＿＿＿＿＿）。

（1）第一期：＿＿＿＿＿＿＿＿＿＿＿＿＿＿＿＿＿＿＿＿＿＿＿＿＿＿＿＿＿＿＿＿＿＿＿

＿＿

（2）第二期：＿＿＿＿＿＿＿＿＿＿＿＿＿＿＿＿＿＿＿＿＿＿＿＿＿＿＿＿＿＿＿＿＿＿＿

＿＿

（3）第三期：＿＿＿＿＿＿＿＿＿＿＿＿＿＿＿＿＿＿＿＿＿＿＿＿＿＿＿＿＿＿＿＿＿＿＿

＿＿

（4）＿＿

＿＿

3. 按揭付款：

本商品房总成交金额＿＿＿＿＿＿＿＿元整（大写：＿＿＿＿＿＿＿＿＿＿＿＿＿＿）。

（1）＿＿

＿＿

（2）＿＿

＿＿

（3）＿＿

＿＿

（三）办理贷款违约责任的约定：

1. 因甲方的原因，导致乙方未能获得银行贷款或获得贷款少于申请贷款数额的，乙方愿意继续履行合同的，双方对具体付款方式、期限另行协商，并签订补充协议；乙方也可单方解除本合同，甲方应于乙方解除合同书面通知到达之日起 30 日内，将收受的房价款及利息（按银行同期贷款利率计算）退还给乙方，并按照乙方已付房价款＿＿＿＿＿＿%赔偿乙方。

2. 因乙方原因，导致乙方未能获得银行贷款或获得贷款少于申请贷款数额的，乙方应在按揭银行书面通知到达之日起＿＿＿＿＿＿日内以现金或其他方式支付，在此期限内，不承担本合同第十条约定的违约责任。如乙方未能在约定期限内以现金或其他方式支付，双方按本合同第十条的约定执行。

3. 因不可归责于甲乙双方的事由导致乙方未能获得银行贷款或获得贷款少于申请贷款数额的，甲乙双方愿意继续履行合同的，双方对具体付款方式、期限另行协商，并签订补充协议。甲方或乙方也可单方解除本合同，甲方应于一方解除合同通知到达之日起30日内,将收受的房价款及利息(按银行同期贷款利率计算)退还给乙方。

第六条　面积确认及面积差异处理

在房屋交付时,房屋建筑面积和套内建筑面积以有资质的房屋测绘机构实测面积为准,如产权登记面积与合同约定面积有差异的,按套内建筑面积和套内建筑面积单价作为面积差异的处理方式,并按下列约定处理:

1. 合同约定房屋套内建筑面积与产权登记套内建筑面积误差比绝对值在3%以内(含3%)的,据实结算,多退少补。

2. 合同约定房屋套内建筑面积与产权登记套内建筑面积误差比绝对值超过3%的,乙方有权退房。

乙方退房的,甲方应在乙方提出退房要求之日起30日内,将乙方已付房价款及利息(按银行同期贷款利率计算)退还给乙方。

乙方不退房的,产权登记套内建筑面积大于合同约定套内建筑面积时,误差比绝对值在3%以内部分的房价款由乙方补足,误差比绝对值超出3%部分的房价款由甲方承担,产权归乙方;产权登记套内建筑面积小于合同约定套内建筑面积时,误差比绝对值在3%以内部分的房价款及利息(按银行同期贷款利率计算)由甲方返还乙方,误差比绝对值超出3%部分的房价款由甲方双倍返还乙方。

$$面积误差比=\frac{产权登记套内建筑面积-合同约定套内建筑面积}{合同约定套内建筑面积}\times 100\%$$

第七条　交房期限及交付条件:

(一)本商品房交房期限

1. 属现售商品房的,甲方应在______年______月______日前,将商品房交付乙方使用。

2. 属预售商品房的,甲方应当在______年______月______日前,依照有关规定,将已进行建设工程竣工验收备案登记的商品房交付乙方使用。

如遭遇不可抗力,甲方应在发生之日起30日内书面告知乙方,甲方可据实延期交房。

(二)本商品房交付时应符合以下条件:

(1)本商品房已通过竣工验收备案登记,取得了《重庆市建设工程竣工验收备案登记证》。

(2)本商品房属装修房的,装修质量应符合本合同关于装修方面的约定(具体约定见附件四)。

(3)____。

第八条　交房手续的办理

1. 甲方应于确定交房日的七日前书面通知乙方做好办理交付手续的准备。双方进行正式验收交接时,甲方应当出示《重庆市建设工程竣工验收备案登记证》。验收交接后,双方应签署房屋交接单。甲方还需提供《新建商品房质量保证书》和《新建商品房屋使用说明书》。甲方不出示证明文件或出示证明文件不齐全,乙方有权拒绝交接,由此产生的延期交房责任由甲方承担。

2. 由于乙方原因,未能按期交付的,双方同意按以下方式处理:

(1)如乙方无正当理由拒绝接房的,自书面交房通知确定的交付使用之日起视为已交付,该房屋毁损、灭失的风险及物业服务费由乙方承担。

(2)____。

(3)____。

第九条　甲方逾期交房的违约责任

除本合同第七条约定的遭遇不可抗力情况外,甲方如未按本合同约定的期限将该商品房交付乙方使用,按下列第________种方式处理:

1. 按逾期时间,分别处理(不作累加):

(1)逾期在______日之内,自本合同第七条约定的最后交付期限的第二天起至实际交付之日止,甲方按日向乙方支付已付房价款万分之________的违约金,并于该商品房实际交付之日起是30日内向乙方支付违约金,合同继续履行。

(2)逾期超过________日(与本条第1款第(1)项约定的日期相同)后,乙方有权解除合同。乙方要求解除合同的,甲方应当自解除合同通知到达之日起30日内退还全部已付房价款及利息(按银行同期贷款利率计算),并按乙方已付房价款百分之________向乙方支付违约金;乙方要求继续履行合同的,合同继续履行,自本合同第七条约定的最后交付期限的第二天起至实际交付之日止,甲方按日向乙方支付已付房价款万分之________ 的违约金(该比率应不小于本条第1款第(1)项中的比率)的违约金,并于该商品房实际交付之日起30日内向乙方支付违约金。

2. ____。

第十条 乙方逾期付款的违约责任

乙方如未按本合同约定的时间付款,按下列第________种方式处理。

1. 按逾期时间,分别处理(不作累加):

(1)逾期在________日(含)之内,自本合同约定的应付款期限之第二天起至实际支付应付款之日止,乙方按日向甲方支付逾期应付款万分之________(该比率不大于第九条第1款(1)项中的比率)的违约金,并于实际支付应付款之日起30日内向甲方支付违约金,合同继续履行。

(2)逾期超过________日(与本条第1款(1)项约定的日期相同)后,甲方有权解除合同。甲方解除合同的,乙方按应付款的百分之________向甲方支付违约金,甲方退还乙方全部已付房价款;甲方不解除合同的,合同继续履行,自本合同约定的应付款期限之第二天起至实际支付应付款之日止,乙方按日向甲方支付逾期应付款万分之________（该比率应不大于本条第 1 款第（1）项中的比率）的违约金，并于实际支付应付款之日起 30 日内向甲方支付违约金。

本条中的逾期应付款指依照本合同第五条约定的到期应付款与该期实际已付款的差额；采取分期付款的，按相应的分期应付款与该期的实际已付款的差额确定。

2. ____。

第十一条　甲方关于房屋产权状况的承诺

1. 甲方保证销售的商品房没有产权纠纷和债权债务纠纷。保证本商品房没有销售给除乙方以外的其他人，保证该商品房没有司法查封或其他受到限制交易的情况（本商品房涉及抵押的，按本条第 2 款的约定执行）。如因甲方隐瞒上述情况，导致乙方不能办理预售合同登记备案、产权登记或发生债权债务纠纷的，乙方有权退房，甲方应于乙方解除合同书面通知到达之日起 30 日内，将乙方已付房价款及利息（按银行同期贷款利率计算）退还给乙方，乙方有权要求甲方支付不超过已付房价款一倍的赔偿金，为已付房价款________%。

2. 甲方关于本商品房抵押情况的声明为下列第________项：

（1）本商品房已经设定抵押权，并已经抵押权人________书面同意对外销售，书面证明见附件六。

（2）本商品房没有设定抵押权。

甲方如隐瞒本商品房已设定抵押的情况，乙方有权退房，甲方应于乙方提出退房要求之日起 30 日内，将乙方已付房价款及利息（按银行同期贷款利率计算）退还给乙方，乙方有权要求甲方支付不超过已付房价款一倍的赔偿金，为已付房价款 ________%。

第十二条　关于办理合同登记备案的约定

1. 预售商品房的，自本合同签订之日起 10 日内，由【甲方】【甲乙双方】向房屋所在地土地房屋登记机构申请办理本商品房预购商品房合同登记备案，提交土地房屋登记机构规定的相关资料，并取得土地房屋登记机构出具的登记受理单。

2. 甲、乙双方应相互配合办理本商品房合同登记备案。乙方应在签定本合同________日内，将办理本商品房合同登记备案需由乙方提供的资料提供给甲方。

3. 如因甲方的责任，未能按期向房屋所在地土地房屋登记机构提交办理本商品房合同登记备案，取得土地房屋登记机构出具的登记受理单的，双方同意按下列方式处理：

按逾期时间，分别处理（不作累加）：

（1）逾期在________日之内，自约定向土地房屋登记机构提交资料并取得登记受理单之日起，至甲方实际提交资料并取得土地房屋登记机构出具的登记受理单之日止，甲方按日向乙方支付已付房价款万分之________的违约金，并于甲方实际取得土地房屋登记机构出具的登记受理单之日起 30 日内向乙方支付违约金。

（2）逾期超过________日（与本条本款第（1）项约定的日期相同）后，乙方有权解除合同。乙方要求解除合同的，甲方应当自解除合同通知到达之日起 30 日内退还全部已付房价款及利息(按银行同期贷款利率计算),并按乙方已付房价款百分之______向乙方支付违约金。乙方要求继续履行合同的,合同继续履行,自约定向土地房屋登记机构提交资料并取得登记受理单之日起,至甲方实际提交资料并取得土地房屋登记机构出具的登记受理单之日止,甲方按日向乙方支付已付房价款万分之______(该比率应不小于本条本款第(1)项中的比率)的违约金,并于甲方实际取得土地房屋登记机构出具的登记受理单之日起30日内向乙方支付违约金。

4. 如因乙方的责任,导致甲方未能按期向房屋所在地土地房屋登记机构提交办理本商品房合同登记备案的相关资料,取得土地房屋登记机构出具的登记受理单的,甲方不承担违约责任。

第十三条　关于办理产权登记的约定

1. 现售商品房的,自本合同签定之日起30日内,甲乙双方应向房屋所在地土地房屋登记机构提出办理本商品房《房地产权证》的申请,提交土地房屋登记机构规定的相关资料,并取得土地房屋登记机构出具的登记受理单。

2. 预售商品房的,在本商品房实际交付使用之日起60日内,由甲乙双方向房屋所在地土地房屋登记机构提出办理本商品房《房地产权证》的申请,提交土地房屋登记机构规定的相关资料,并取得土地房屋登记机构出具的登记受理单。

3. 甲、乙双方应相互配合办理本商品房产权登记。由乙方委托甲方办理的,乙方应在签定本合同________日内,将办理本商品房产权登记需由乙方提供的资料提供给甲方。

4. 如因甲方的责任,未能按期向房屋所在地土地房屋登记机构提交办理本商品房《房地产权证》的申请,取得土地房屋登记机构出具的登记受理单的,双方同意按下列方式处理。

按逾期时间,分别处理(不作累加):

(1)逾期在________日(含)之内,自约定向土地房屋登记机构提交资料并取得登记受理单之日起,至甲方实际提交资料并取得土地房屋登记机构出具的登记受理单之日止,甲方按日向乙方支付已付房价款万分之________的违约金,并于甲方实际取得土地房屋登记机构出具的登记受理单之日起30日内向乙方支付违约金。

(2)逾期超过______日(与本条本款第(1)项约定的日期相同)后,乙方有权解除合同。乙方要求解除合同的,甲方应当自解除合同通知到达之日起30日内退还全部已付房价款及利息(按银行同期贷款利率计算),并按乙方已付房价款百分之______向乙方支付违约金。乙方要求继续履行合同的,合同继续履行,自约定向土地房屋登记机构提交资料并取得登记受理单之日起,至甲方实际提交资料并取得土地房屋登记机构出具的登记受理单之日止,甲方按日向乙方支付已付房价款万分之________(该比率应不小于本条本款第(1)项中的比率)的违约金,并于甲方实际取得土地房屋登记机构出具的登记受理单之日起30日内向乙方支付违约金。

5. 如因乙方的责任,导致甲方未能按期向房屋所在地土地房屋登记机构提交办理本商品房《房地产权证》的相关资料，取得土地房屋登记机构出具的登记受理单的，甲方不承担违约责任。

第十四条　关于办理预告登记的约定

1. 乙方为一次性付款、分期付款方式购买商品房的，双方【同意】【不同意】办理预购商品预告登记。双方同意办理预告登记的，双方约定在办理预售合同登记备案后________日内申请办理预购商品房预告登记。若甲方未按照双方约定申请办理预购商品房预告登记，乙方可在双方约定期限届满后单方申请办理预告登记，甲方应在双方约定期限届满后________日向乙方支付已付房价款________%的违约金。

2. 乙方为贷款方式购买商品房，双方约定在办理预售合同登记备案后________日内申请办理预购商品房预告登记、预购商品房抵押权预告登记。若甲方未按照双方约定申请办理预购商品房预告登记，甲方应在双方约定期限届满后________日向乙方支付已付房价款________%的违约金。

3. 甲乙双方应相互配合办理本商品房预告登记、预购商品房抵押权预告登记。由乙方委托甲方办理的，乙方应在办理商品房合同登记备案后________日内，将办理本商品房预告登记、预购商品房抵押权预告登记所需乙方提供的资料提供给甲方，如乙方未能在约定期限内将办理登记所需乙方提供的资料提供给甲方，甲方不承担违约责任。

第十五条　规划、设计变更的约定

（一）甲方应当按照批准的规划、设计建设商品房，不得擅自变更。

甲方规划变更、设计变更导致下列影响到乙方所购商品房质量、使用功能或使用环境的，甲方应当在有关部门批准同意之日起10日内将变更内容书面通知乙方：

（1）该商品房结构形式、户型、空间尺寸、朝向以及提高该商品房项目的建筑容积率。

（2）____。

（3）____。

（二）乙方应当在通知到达之日起15日内作出是否退房的书面答复。15日内未作书面答复的，视同接受变更。

乙方退房的，甲方应在乙方提出退房要求之日起30日内将乙方已付房价款及利息（按银行同期贷款利率计算）退还给乙方，并向乙方支付已付房价款________%的违约金。

乙方不退房的，应当与甲方就变更事项另行签订补充协议，给乙方造成损失的，由甲方赔偿。

（三）甲方未在本合同约定时限内通知乙方的，乙方有权退房。乙方退房的，甲方应在乙方提出解除合同之日起30日内，退还全部已付房价款及利息（按银行同期贷款利率计算），并向乙方支付房价款________%的违约金。

第十六条　商品房质量、装饰、设备标准的约定

甲方交付使用的商品房的建筑材料，设备安装标准应符合双方约定（附件三）的标准，该商品房系装修房的，装修标准还应符合双方约定（附件四）的约定。达不到约定标准的，乙方有权要求甲方按照下述第________种方式处理：

1. 甲方赔偿双倍的装饰、设备差价。

2. ____

3. ____

第十七条　关于基础设施、公共配套建筑的约定

本项目物业管理用房为________m^2，具体位置为________________________。

甲方承诺与该商品房正常使用直接关联的下列基础设施和其他公共配套设施按以下日期达到使用条件：

1. 基础设施

（1）于________年________月________日前通水。

（2）于________年________月________日前通电。

（3）于________年________月________日前通气。

（4）____。

（5）____。

如果在约定日期内未达到使用条件，双方同意按以下方式处理：

（1）____。

（2）____。

（3）____。

第十八条　保修责任

《新建商品房屋质量保证书》作为本合同的附件。甲方自本商品房交付使用之日起，按照《新建商品房屋质量保证书》承诺的内容承担相应的保修责任。

在商品房保修范围和保修期限内发生的质量问题，甲方应当履行保修义务，并对乙方造成的损失承担赔偿责任。因不可抗力或非甲方原因造成的损坏，甲方不承担责任，但可协助维修，维修费用由乙方承担。

第十九条　本商品房所在楼宇的屋面使用权、外墙面使用权归全体产权人所有，楼宇的命名权按国家和我市有关规定执行。

第二十条　乙方在使用期间不得擅自改变该商品房的建筑主体结构、承重结构和设计用途。除本合同及其附件另有规定者外，乙方在使用期间有权与其他权利人共同享用与该商品房有关联的公共部位和设施，并按占地和公共部位与公用房屋分摊面积承担义务，如乙方随意改变公共建筑和共有设施用途，应按照国家有关规定承担法律责任。

甲方不得擅自改变与本项目按照规划批准建设的公共建筑和共有设施的用途。

第二十一条　甲方应向乙方出示《前期物业服务合同》和《业主临时管理规约》，

乙方应详细阅读有关前期物业服务和业主临时管理规约的全部内容。乙方同意，因该物业管理区域尚未成立业主大会，自该房屋交付之日起，即应接受甲方在《前期物业服务合同》中委托的物业服务企业实施物业管理，并遵守业主临时管理规定。

第二十二条 本商品房买卖中所产生的规费和税费应由甲乙双方按规定各自承担。

第二十三条 本合同中的已付房价款，是指购房者已向房地产开发企业支付的房价款（包括定金），如系按揭购房的，应包括已向甲方支付的银行按揭款。

第二十四条 本合同在履行过程中发生的争议，由双方当事人协商解决；协商不成的，按下列第________种方式解决：

1. 申请重庆仲裁委员会仲裁；

2 依法向人民法院起诉。

第二十五条 本合同未尽事项，可由双方约定后签订补充协议（附件五）。

第二十六条 合同附件与本合同具有同等法律效力。

第二十七条 本合同连同附件共________页，一式________份，具有同等法律效力，其中甲方、乙方、房地产登记机构、________各一份。

第二十八条 本合同自双方签订之日起生效。

甲方（签章）：
【法定代表人】：
【委托代理人】：
（签章）
________年________月________日
签于__________________________

乙方（签章）：
【法定代表人】：
【代理人】：
（签章）
________年________月________日
签于__________________________

附件一 房屋分层平面图及分户户型平面图

附件二 共用部位及设施说明

附件三 建筑材料、设备安装标准说明

建筑材料、设备安装标准说明

（甲乙双方可列明材料及设备的名称、品牌、规格、型号等）

1. 外墙：
2. 内墙：
3. 顶棚：
4. 地面：
5. 门窗：
6. 厨房：
7. 卫生间：

8. 阳台:

9. 电梯:

10. 电表(安):

11. 水表型号:

12. 气表型号:

13. 其他:

附件四　房屋装修标准说明(甲乙双方可列明材料及设备的名称、品牌、规格、型号等)

附件五　合同补充协议

附件六　抵押权人同意销售证明(复印件)

附录三　重庆市房屋租赁合同

重庆市房屋

租

赁

合

同

重庆市国土资源和房屋管理局印制
重庆市工商行政管理局监制

特别告知

1. 本合同文本为示范文本，由重庆市国土资源和房屋管理局、重庆市工商行政管理局共同制定，适用于本市行政区域内国有土地上的房屋租赁。

签订合同前，当事人应仔细阅读本合同内容，并对房屋的物理状况、权属状况等情况充分了解。

2. 根据法律相关规定，承租人租赁已被抵押，或被司法查封，或已办理预告登记的房屋，在租赁期间如房屋发生所有权变动的，承租人的租赁权将存在风险。当事人在签订合同前，应到房屋所在地土地房屋权属登记机构查询该房屋是否存在抵押、查封、预告登记等情况。

3. 当事人签订合同后应及时到房屋所在地房地产行政管理部门办理房屋租赁登记备案。

4. 本合同所指经纪成交，是指租赁各方通过合法的房地产经纪机构提供居间或代理服务，达成租赁意愿，自愿签订房屋租赁合同的行为。

5. 通过房地产经纪机构提供居间或代理服务达成房屋租赁的，房地产经纪机构应当向租赁各方出示工商营业执照、经纪机构备案证明。

6. 本合同中凡带“□”的选项，应在选择项前的“□”内打“√”，并在未选择项前的“□”内打“×”。

重庆市房屋租赁合同

出租人（以下简称甲方）：________________

【法定代表人】【负责人】：________________国籍：____________________

【身份证】【护照】【营业执照注册号】【其他：_________】：________________

通信地址：____

邮政编码：____________联系电话：_____________（手机）_____________

【代理人】：____________________国籍：___________________

【身份证】【护照】【营业执照注册号】【其他：_________】：________________

通信地址：____

邮政编码：____________联系电话：__________（手机）________________

承租人（以下简称乙方）：________________

【法定代表人】【负责人】：________________国籍：____________________

【身份证】【护照】【营业执照注册号】【其他：_________】：________________

通信地址：____

邮政编码：____________联系电话：__________（手机）________________

【代理人】：____________________国籍：___________________

【身份证】【护照】【营业执照注册号】【其他：_____________】：____________

通信地址:____

邮政编码:____________联政电话:__________(手机)________________

根据《中华人民共和国合同法》《中华人民共和国城市房地产管理法》及相关法律、法规的规定,甲乙双方在自愿、平等、公平和诚实信用的基础上,经协商一致,就乙方承租甲方可依法出租的房屋事宜,签订本合同。

一、出租房屋基本情况

(一)房屋坐落:________________________________。(以下简称"该房屋")

(二)该房屋权属证明名称:____。

编号:________________________。

(三)该房屋建筑面积:________平方米,套内建筑面积:________平方米。

(四)该房屋权属证明记载用途:____。

(五)该房屋现有装修及设施设备情况,由甲、乙双方分别在本合同附件中列明。除双方另有约定外,该附件作为甲方按照本合同约定交付乙方使用和乙方在本合同租赁期满交还该房屋的验证凭据。

二、租赁期限

(一)该房屋租赁期限共____个月,自____年____月____日至____年____月____日止。

(二)租赁期满,甲方有权收回该房屋,乙方应如期交还。乙方需要继续承租该房屋的,则应于租赁期届满前____日通知甲方。

三、租金及支付方式

(一)该房屋租金为:________元/(□月□季□半年□年);本合同期内租金总额为:________元(大写:____________________)。

(二)该房屋租金支付方式:____。

四、押金及其他费用的约定

(一)甲方交付该房屋时,乙方应向甲方支付房屋租赁押金。押金为________元(大写:____________________)。甲方收取押金后应向乙方出具收款凭证。

(二)租赁期间,使用该房屋所发生的水、电、燃气、通信费用由____方承担;有线电视、物业管理费用由____方承担。

(三)租赁期内,因该房屋租赁产生的税费按国家法律、法规规定承担。

(四)租赁期满或合同解除后,甲方应退还乙方支付的房屋租赁押金。

(五)其他约定:____。

五、成交方式

甲乙双方系通过以下第________种方式成交。

(一)自行成交。

(二)房地产经纪机构成交。提供服务的房地产经纪机构名称为:____________

__________，备案证书号为：______________________________。

通信地址：______________________________。

邮政编码：__________联系电话：__________

提供服务的房地产经纪人员职业资格为：______________________________。

注册证号：______________________________。

六、关于房屋转租与出售的约定

（一）未经甲方书面同意，乙方不得将房屋转租、转借他人。

（二）租赁期间，甲方出售该房屋的应在出售前____日书面通知乙方，在同等条件下，乙方有优先购买权。

七、关于甲方交房的约定

（一）甲方应于____年____月____日前将房屋按约定条件交付给乙方。《现有装修、附属设施及设备清单》经双方交验签字盖章并移交房门钥匙后视为交付完成。

（二）甲方延迟交房超____日的，乙方有权单方解除合同。乙方要求继续履行合同的，合同继续履行，甲方自约定交房时间之日起至实际交付房屋之日止，向乙方每日按已付租金的______%支付违约金。

八、关于乙方付款的约定

（一）乙方应按本合同第三条的约定向甲方如期支付租金。

（二）乙方未按约定时间支付租金超____日，甲方有权单方解除合同。甲方不解除合同的，乙方应向甲方按应付租金的____%支付违约金。

九、其他约定

（一）租赁期内，甲方应保障该房屋及其附属设施处于正常使用的状态，并承担乙方正常使用下房屋及附属设施损坏或故障的修复义务；甲方不承担房屋的维修义务，致使乙方无法正常使用房屋及附属设施的，乙方有权单方解除合同；对于乙方的装修、改善和增设的他物，甲方不承担维修义务。

（二）乙方应合理使用并爱护该房屋及其附属设施。因乙方保管不当或不合理使用，致使该房屋及其附属设施发生损坏或故障的，乙方应负责维修或承担赔偿责任；乙方保管不当或不合理使用导致附属物品、设备设施损坏并拒绝赔偿的，甲方有权单方解除合同。

（三）在租赁期内未征得甲方书面同意以及按规定须经有关部门审批但未核准前，乙方不得擅自改变房屋用途。不得在该房屋内进行违反法律法规及政府对出租房屋用途有关规定的行为。乙方擅自改变房屋用途，甲方有权单方解除合同。

（四）租赁期内，甲方提前收回该房屋或乙方提前退租的，应提前____日通知对方，并按月租金的____%向对方支付违约金，属甲方违约的甲方还应退还相应的租金。

（五）租赁到期或合同解除后，乙方应将房屋钥匙及正常使用状态下的附件中所列物品交还给甲方，乙方应当保证该房屋附属设施、设备、装饰装修保持良好，结清应由乙方支付的相关费用。

(六)甲方保证已如实介绍该房屋权属状况、附属设施设备、装饰装修情况,出租该房屋不违反国家法律法规的相关规定及有权决定此租赁事宜。乙方保证已对上述房地产作充分了解并实地看房,对该房屋现状无异议,愿意租赁该房屋。

(七)经甲、乙双方协商一致,可以解除本合同。

(八)关于租赁期间房屋被征收的约定:________________________________。

十、登记备案

甲乙双方自本合同签订之日起三十日内,由□甲乙双方共同□甲方□乙方按相关规定向房屋所在地房地产行政管理部门申请办理房屋租赁登记备案。

租赁期内,房屋租赁登记备案内容发生变更的,甲乙双方应当在十日内,到原租赁登记备案的部门办理房屋租赁登记备案变更手续。

租赁期满房屋续租或者租赁终止的,由□甲乙双方共同□甲方□乙方在期满后三十日内到原租赁登记备案的部门办理房屋租赁登记备案的延续或者注销手续。

十一、争议的解决方式

甲、乙双方在履行本合同过程中发生争议的,应协商解决;协商不成的,可依法选择:□向人民法院起诉□向重庆仲裁委员会申请仲裁。

十二、补充约定

____。

十三、附则

(一)本合同所列地址为各方准确联系地址,相关文书送达到该地址,即视为送达给其本人。任何一方地址变更,应及时书面通知相关方,否则自行承担相关责任。

(二)本合同一式____份,甲、乙双方各执____份,__________和登记机构各执一份,均具有同等法律效力。本合同经双方签字盖章之日起生效。

出租人:	承租人:
法定代表人(负责人):	法定代表人(负责人):
委托代理人:	委托代理人:
签约时间:　　年　　月　　日	签约时间:　　年　　月　　日
签约地点:	签约地点:

附件:

现有装修、附属设施及设备清单

(粘贴线)　　　　　　　　　　　　　　　　(骑缝章加盖处)

参考文献

[1] 周林仿,刘志东.房地产经纪[M].2 版.重庆:重庆大学出版社,2010.

[2] 刘志东.房地产营销经理理论与实务[M].重庆:重庆大学出版社,2012.

[3] 中国房地产估价与房地产经纪学会.房地产经纪人概论[M].5 版.北京:中国建筑工业出版社,2010.

[4] 中国房地产估价与房地产经纪学会.房地产经纪实务[M].5 版.北京:中国建筑工业出版社,2010.

[5] 中国房地产估价与房地产经纪学会.房地产经纪相关知识[M].5 版.北京:中国建筑工业出版社,2010.